搭建一座桥梁

历史发生在过去，但它和现在紧密相连。我们可以通过历史，了解人类发展的脉络以及万事万物的起源，让自己增长知识，开阔眼界。同时，我们还可以从古人身上学习生存的智慧和为人处世的道理，这对个人的成长也是非常有益的。

而神话是古人对自然界中发生的现象无法解释时，在头脑中幻想出来的，是想象力的产物，人类智慧的结晶。神话中的人物往往具有非同一般的外貌，拥有超乎寻常的力量与威力无穷的宝物，对于想象力丰富、充满好奇心的少年儿童来说，神话具有非凡的吸引力。

那么，如果历史和神话碰撞在一起，会擦出怎样的火花呢？明代的神魔小说《封神演义》为我们提供了一个精彩的答案。

《封神演义》全书共计一百回，主要描写的是武王伐纣的故事。商朝末年，纣王残暴无道，引起天怒人怨。在这样的历史背景下，姜子牙挺身而出，辅佐武王伐纣，展开了一场波澜壮阔的战争。书的前三十回着重写纣王的暴虐，让我们深刻体会到了无道之君的残忍与可恶。而后的七十回则主要叙述了商、周两国的战争。作者在残酷的战争中巧妙融入了大量的神话人物，既有女娲娘娘、姜子牙、哪吒、杨戬等代表正义的"仙"，也有通天教主、申公豹、火灵圣母等代表邪恶的"魔"，还有九尾狐狸精、玉石琵琶精等为代表的"妖"。这些"仙""魔""妖"的加入，使武王伐纣的历史故事变得更加跌宕起伏，充满了戏剧性和传奇色彩，极大地提升了故事的趣味性和可读性。

《封神演义》的魅力远不止于其精彩纷呈的故事情节和栩栩如生的人物刻画，更在于其深刻的思想内涵和不可替代的文化价值。这部作品不仅是中国古代文学的瑰宝，更是中华民族文化宝库中不可或缺的重要组成部分。它以其独特的艺术形式和深邃的思想内涵，跨越时空，影响着一代又一代的读者，成为中华文化传承和发展的重要载体。

在当今社会，我们依然可以从《封神演义》这部古典文学作品中汲取智慧和启示。它告诉我们：仁爱正义、忠诚勇敢是社会的基石，只有坚守这些价值观，我们才能共同创造一个和谐美好的世界。同时，它也提醒我们，要时刻警惕那些破坏社会和谐、损害人民利益的行为和思想，坚决维护社会的公正和正义。

《封神演义》不仅是一部娱乐性极强的小说，更是一部富含深刻内涵的经典之作。通过阅读这部作品，我们可以了解古代社会的风土人情、政治制度等多方面的知识。更重要的是，我们可以从中汲取到正义、勇敢、智慧等品质的力量，激发我们的爱国情感和民族精神。

然而，《封神演义》原著的语言有时艰涩难懂，不符合孩子的阅读习惯。其中的一些血腥残暴场景，也可能超出了孩子的心理承受能力。因此，我们对其进行了适度的改编，力求保

封神演义里的秘密

里的秘密

藏在经典名著里的趣味阅读课

布谷童书 编 星筠兔 绘

朝歌风云

延边教育出版社
YANBIAN EDUCATION PUBLISHING HOUSE

编　　著：布谷童书

绘　　者：星筠兔

责任编辑：于鸿梅

图书在版编目（ＣＩＰ）数据

封神演义里的秘密.朝歌风云 / 布谷童书编；星筠

兔绘. -- 延吉：延边教育出版社, 2024.5

（藏在经典名著里的趣味阅读课）

ISBN 978-7-5724-3647-5

Ⅰ.①封… Ⅱ.①布… ②星… Ⅲ.①阅读课—中小

学—教学参考资料 Ⅳ.①G634.333

中国国家版本馆CIP数据核字(2023)第237864号

封神演义里的秘密·朝歌风云

出版发行：延边教育出版社

地　　址：吉林省延吉市长白山东路98号（133000）

　　　　　北京市海淀区苏州街18号院长远天地4号楼A1座1003（100080）

电　　话：0433-2913940　010-82608550　　网　　址：https://www.ybep.com.cn/

传　　真：0433-2913971　010-82608856　　客　　服：QQ1697636346

印　　刷：雅迪云印（天津）科技有限公司　　开　　本：710毫米×1000毫米　1/16

印　　张：7.5　　　　　　　　　　　　　　字　　数：93千字

版　　次：2024年5月第1版　　　　　　　　印　　次：2024年5月第1次印刷

书　　号：ISBN 978-7-5724-3647-5　　　　定　　价：36.00元

持原著的精髓和风格的同时，让语言更加简洁易懂，情节更加紧凑有趣。在改编过程中，我们删除了原著中一些过于复杂和深奥的内容，保留了那些最具代表性、最引人入胜的章节和情节。此外，为了让《封神演义》与"大语文"课堂学习联系更加紧密，我们还特意添加了一些练习题目，帮助小读者巩固所学内容。此外，我们还增设了知识拓展版块，让小读者在阅读的同时，能够积累更多的国学知识，对中国的传统文化有更进一步的了解。

如果说《封神演义》的原著是一片辽阔深邃的大海，那么，我们所做的适度化改编和新增的版块就如同海面上的朵朵浪花，使整个故事变得更加绚丽多彩、趣味盎然。这样的改编不仅能够激发青少年对古典名著的阅读兴趣，还能帮助他们拓宽知识视野，丰富他们的"大语文"知识体系。

阅读这套焕然一新的《封神演义》，孩子们可以跟随姜子牙、武王等英雄人物一起，经历一场场惊心动魄的战争，见证一个个感人至深的故事；可以看到正义如何战胜邪恶，智慧如何战胜愚昧，勇敢如何战胜恐惧，并从中感受到人性的光辉和伟大，体会中国古代文化的博大精深和独特魅力。

学习任何一门知识，都离不开阅读，阅读能力的培养对于少年儿童的成长尤为重要。但面对浩如烟海的书籍世界，孩子们可能会感到无所适从。我们希望用这套书搭建一座桥梁，引导孩子们欢快地步入书籍的殿堂，进而喜欢上阅读、迷上阅读。

希望这套《封神演义》能够成为孩子们成长道路上的良师益友，陪伴他们度过一个充实而美好的阅读时光。

目录
CONTENTS

第一回

祸起女娲宫

纣王托梁换柱

纣王是谁？他是商朝的最后一位帝王，也是《封神演义》中的反派男一号。大约公元前 1600 年，成汤推翻夏桀的残暴统治，建立商朝。成汤推行仁政，在历史上留下了非常好的口碑，但他万万没想到，500 多年以后，商朝的最后一位帝王纣王竟然比夏桀还要残暴，并且引发了人类、妖精、神仙之间的一场大战。

纣王是帝乙的第三个儿子，名叫寿王，传说力大无穷。有一次，帝乙带着大臣们在御花园里赏牡丹，忽然园中飞云阁的一根柱子断了，房梁没了支撑，呼啦一声塌了下来，帝乙和大臣们都吓傻了。一旁的寿王见状，一个箭步冲过去，双手用力往上一托，轻轻松松就把房梁托了起来，迅速换上了一根备用的顶梁柱。这件事让帝乙和大臣们对寿王刮目相看，帝乙死后，寿王顺利登上帝位。

纣王刚刚继位的时候，朝中有闻仲太师、武成王黄飞虎这样的贤臣良将辅佐。后宫在姜王后和东宫娘娘、西宫娘娘的带领下，也十分和睦。东南西北四大诸侯率领八百小诸侯向纣王称臣纳贡。那个时候的商朝国泰民安、风调雨顺，是一个让人向往的泱泱大国。

女娲庙进香

纣王安枕无忧地度过了七年的时光，这天早朝的时候，首相商容说："明天是三月十五日，女娲娘娘的诞辰，臣恳请大王亲自到女娲庙进香。"

"女娲何德何能，竟要劳烦我亲自进香？"纣王不屑地撇撇嘴。商容解释说："女娲娘娘是上古神女。当年共工撞断不周山，让天塌了一个大窟窿，是女娲娘娘炼五色石补天，天下生灵才避免了一场劫难。如果大王亲自到女娲庙进香，女娲娘娘一定会保佑我朝国泰民安。"

纣王没有办法反驳，第二天便带领文武百官来到女娲庙进香。庙的正中央有一座女娲圣像，圣像前面有帷幔遮挡着。忽然吹来一阵大风，把帷幔吹了起来。纣王看见女娲的容貌，顿时呆若木鸡："天啊！女娲娘娘真是国色天姿、犹如嫦娥下凡啊。和女娲娘娘一比，我的妃子们简直就是丑陋的青蛙。"纣王大笔一挥，在墙壁上写了一首诗，把女娲娘娘的美貌大大夸赞一番，并且狂妄

地表示要把女娲娘娘娶回宫中。然后，他哈哈大笑着扬长而去，回宫做癞蛤蟆吃天鹅肉的美梦去了。

女娲娘娘召唤三妖

纣王来进香的时候，女娲娘娘去天上拜见神仙了，没在庙里。她回来以后看见墙壁上的诗，顿时气得火冒三丈，大骂道："纣王这个昏君，不励精图治好好治理国家，竟敢对我如此不敬，真是太可恶了。我看商朝近六百年的气运就要到头了，不如趁机好好教训教训他。"

女娲娘娘气势汹汹地来到纣王的宫殿上方，却被两道红光挡住了。这两道红光是从哪儿来的呢？

在弄清这个问题之前，我们先来认识一下封神榜。封神榜其实就是一个榜单，上面有很多人或仙的名字，他们都要经历一次生死，然后才能被封为神。

纣王的两个儿子殷郊、殷洪就在这个榜单上，也就是说他们是未来的神仙，所以他们头上有两道红光。女娲娘娘透过红光，发现纣王还有二十八年的气运，还没到正面教训他的时候，只好无奈地回去了。但她左思右想，始终咽不下这口恶气，便想着暗地里给纣王使个绊子。

于是，她让小童子拿来金葫芦，揭开葫芦上面的盖，口中念着咒语，用

003

手一指，唰，一道白光从葫芦中射出，有四五丈那么高。白光之中悬着一道幡，上面写着"招妖幡"三个字。

"招妖幡"一出，顿时妖风四起，天空乌云密布。眨眼间，全天下的妖精都来到了女娲娘娘的宫殿外面，但女娲娘娘只让轩辕坟中的三个妖精留下来，把其他妖精都打发回去了。

轩辕坟中的三个妖精一个是千年狐狸精，一个是九头雉鸡精，一个是玉石琵琶精，它们道行高深，本领高强。

女娲娘娘说："商朝气数将尽，西岐的姬发就要举兵讨伐纣王了。我命你们变成人形，埋伏在纣王身边，扰乱纣王的心智，帮助姬发伐纣。这是顺应天意的功德，事成之后，我帮你们修成正果做神仙。"三个妖精一听能变成神仙，都高兴得手舞足蹈。

女娲娘娘看见它们得意忘形的样子，赶忙叮嘱道："你们只管扰乱纣王的心智，千万不能残害众生，记住了吗？"

"记住了！"三个妖精立即叩头谢恩，带着女娲娘娘的旨意来到了凡间。但它们一出门，就把女娲娘娘的叮嘱忘得一干二净。

费仲尤浑献计

　　而此时此刻纣王还在做他的美梦呢。可梦终究是梦啊，女娲娘娘怎么会出现在宫里呢？纣王心里想着女娲娘娘，想得吃不下饭、睡不着觉，脸色发青，都快要生病了。这个时候，如果有人规劝纣王，纣王可能就会把心收回来。但闻太师正在边疆作战，武成王也不在身边，留在纣王身边的是两个只会逢迎谄媚的大臣费仲和尤浑。费仲和尤浑为了讨纣王欢心，什么样的鬼主意都敢出，王法和民心在他们眼里都不值一提。

　　有一天，纣王向费仲吐露心声说："后宫的那些妃嫔丑得没法看，我一看见她们就浑身不舒服，这可怎么办啊！"费仲早就看出纣王的心思了，赶忙讨好似的说道："大王，您是天下的王。整个天下都是您的，您想要美女还不容易吗？只要下一道命令，让四方诸侯从每个镇中挑选一百个美女送进宫里来，还愁找不到女娲娘娘那样的绝世美女吗？"纣王听得心花怒放，决定第二天就传旨。

女娲补天

传说，水神共工和火神祝融一直合不来，他们之间发生了非常激烈的斗争。但共工使出浑身解数，最终还是败给了祝融。共工心里不服气，一怒之下撞向了不周山。不周山是支撑着天的一根柱子，不周山折断后，天就塌了一个大窟窿。天上的河水变成巨浪滔天的洪水倾泻而下，全天下的生命都危在旦夕。

在这个紧要关头，女娲娘娘采五色石进行炼造，用来填补天上的窟窿，避免了生灵涂炭。又因为女娲娘娘用泥土捏出了人类，所以人们把女娲娘娘称为大地之母、创世女神。

演义小说

演义是小说的一种体裁，多见于古代小说，是在历史事实或传说的基础上，添加一些情节，编写而成的。演义通常是把一个完整的故事分成若干个章节，每个章节的篇幅不长不短，非常适合阅读，因此深受广大读者的喜爱。历史上著名的演义小说有《封神演义》《三国演义》《隋唐演义》等。

演义，侧重讲故事，但故事中传达出来的是道义。比如《封神演义》讲的是勇气与正义，《三国演义》讲的是兄弟情义，忠贞之义，以及慷慨悲歌的英雄意气。而《隋唐演义》有胸怀天下的大义，也有普通人之间的亲情、友情、爱情。正是因为有了让人荡气回肠的"义"，这些故事才得以流传千年，被人们争相称颂。如果没有"义"，再精彩的故事也会缺少灵魂。

诞辰和生日

我们在新闻报道中，经常听到"某某诞辰多少周年"这样的字眼，你知道"诞辰"是什么意思吗？

"诞辰"实际上就是生日。只不过生日比较口语化，用在一般的生活场合，任何人都可以使用。而诞辰比较书面化，一般用于正式场合，是一个敬辞。比如，我们说"今天是孔子诞辰 2000 周年"，意思是说今天是孔子出生 2000 周年的日子。需要注意的是，诞辰通常用在影响较大、受人尊敬的人身上，我们普通人说生日就可以了。

另外还有一个相似的词语：华诞。"华诞"也是对生日的一种敬辞，但这个词一般多用于伟大的人物或机构诞生的日子。

需要注意的是，"华诞"和"周年"不能同时使用，例如，只有 70 华诞或者 70 周年，而不能说 70 周年华诞。

你知道吗？

相传，女娲不但炼石补天，用泥土造人，还用石头打磨成可以弹拨的乐器琵琶、古筝和瑶琴，用龟壳做出了吹奏乐器箫和笙（shēng），用竹子做成了笛子，给人们的生活增添了很多快乐，所以人们又把女娲奉为音乐女神。

互动小课堂

1.（判断题）"女娲"中的"娲"，读音是"wā"。（　　）

2.（判断题）"称臣纳贡"中的"称"，读音是"chèng"。（　　）

3.（判断题）"诞辰"的意思是"生日"。（　　）

4.首相商容为什么建议纣王到女娲庙进香？

_____

_____

5.你喜欢故事中的费仲和尤浑吗？为什么？

_____

_____

参考答案

1. √　　2. ×　　3. √

4. 因为女娲娘娘是上古女神，商容想让纣王到女娲庙进香，让女娲保佑商朝国泰民安。

5. 不喜欢，因为他们是纣王身边的两个奸臣小人，善于逢迎拍马、煽风点火，又心胸狭窄，常常陷害忠良、受贿敛财，使得纣王的恶行更加恶劣，国家更加混乱。

第二回

九尾狐狸附身苏妲己

费仲尤浑暗中使坏

费仲为了讨好纣王，想出让各地诸侯进献美女的馊主意。第二天纣王便在上朝的时候下令，让诸侯进献美女。但他的话还没说完，首相商容便站出来说："大王，您这样做会失去民心，对江山社稷十分不利，请您收回旨意。"商容是首相，国家的重臣，所以纣王非常重视他的想法，便收回旨意，打消了寻找美女的念头。

虽然这次的奸计没有得逞，但费仲、尤浑却凭借着讨好纣王的本领，获得了至高无上的地位和荣耀。各路诸侯来朝觐（jìn）纣王的时候，都要先给他们送礼。但冀州侯苏护为人正直、性格刚烈，看不惯费仲和尤浑，不肯给他们送礼，费仲和尤浑因为这件事对苏护怀恨在心。恰好纣王又起了选美女的念头，于是他们便把苏护的女儿苏妲己夸得像仙女一样美丽。纣王听后立刻把苏护召进宫来说："听说你的女儿妲己温柔贤淑，让她进宫做娘娘和我一起享受荣华富贵，你觉得怎么样？"

苏护知道是费仲和尤浑在背后捣鬼，直言回绝说："大王，女色误国，你可不要听信小人馋言，误了成汤百年基业！"纣王大怒，命侍卫把苏护绑了起来。

崇侯虎讨伐苏护

费仲和尤浑两人见时机已到，互相使个眼色，一齐劝纣王先把苏护放回冀州，让他主动把女儿送来朝（zhāo）歌，以堵住天下悠悠众口。纣王的脸色从红到白，从白到青，眼睛里呼呼往外冒着火，恨不得立刻把苏护撕成碎片。但为了得到苏妲己，他按下心里的怒火，把苏护放了。谁知，苏护竟然提着笔，在午门的墙壁上题了一首诗，表示永不朝商，然后一口气回到了冀州。

这首诗彻底把纣王给气炸了，他立即下令让北伯侯崇侯虎和西伯侯姬昌讨伐苏护。崇侯虎收到命令以后，马上率兵攻打冀州，抓住了苏护的儿子。苏护直到这个时候才意识到问题有多么严重，他知道纣王是个昏君，心里自然不愿意把女儿妲己送到宫中，但看着将士们在战场上厮杀，甚至葬送性命，百姓们无法像从前一样安居乐业，又感到深深的自责。正在苏护左右为难的时候，有个人捧着一封信来到了城门前。

西伯侯规劝苏护

来的这个人，是西伯侯姬昌的属官，名叫散（sǎn）宜生。西伯侯姬昌是一个贤德的人，在诸侯中非常有威望，苏护像看到大救星一样，赶忙把散宜生迎进来。散宜生把信交给苏护说："这是我们侯爷亲笔写的信，请您过目。"苏护看着信，背后一阵阵地冒冷汗。原来，西伯侯姬昌为苏护分析了当前的形势，真心实意地提醒他，如果不把妲己送进宫，冀州将会迎来一场浩劫，不但苏护一家会遭难，冀州的百姓们也会跟着遭殃。

人在矮檐下，不得不低头。小小的冀州怎么能和偌大的商朝对抗呢？苏护为了保护家人和冀州的百姓，含着眼泪答应送女儿妲己进宫。

几天后，苏护带着三千人马，浩浩荡荡地护送苏妲己去都城朝歌。苏妲己坐在马车上，梨花带雨，哭得伤心。明艳动人的脸上，尽是眼泪。唉——这也难怪，远离家乡亲人，自己的命运马上就要交到一个荒淫无道的昏君手上，怎么还能笑得出来呢？

恩州驿遇狐妖

　　浩浩荡荡的队伍跋山涉水，在这天傍晚时分来到了恩州的驿站。驿丞一看见苏护就慌里慌张地说："侯爷，你们还是到别的地方休息吧。我们这个驿站三年前出了个妖精，从此过往的客官都不敢在这儿住。"

　　"我是堂堂冀州侯，我的女儿是即将伴随天子的贵人，怕什么妖精？"苏护厉声说道，"快把房间收拾好，我们今天晚上就要住在这儿。"就这样，家将们带领队伍，护卫着苏护和苏妲己，在驿馆住了下来。

　　苏护虽然不信驿丞的话，但护送妲己进宫事关重大，不能出一点儿闪失。晚上，苏妲己睡着了以后，苏护却迟迟不敢入睡。他把豹尾鞭放在大厅桌案上，自己坐在桌案旁，点灯看兵书。到了夜里一更时分，还是不放心，提着鞭子悄悄在后厅巡视了一圈，见妲己睡得安然，松了一口气，心想，"哪里来的妖精啊？我看是那个驿丞嫌麻烦，

不愿意接待我们罢了。"于是放心回大厅继续看兵书。

转眼到了夜半三更时分，忽然，窗户发出吱呀一声响，一阵怪风从窗外吹进来，寒气逼人，吹得案上蜡烛将灭，倏（shū）的一下又亮了。

苏护心说不好，忽然又听到后堂有侍女大喊一声："妖精来了！"他急忙抓起豹尾鞭，另一手拿着灯，夺路飞奔，刚走出大厅，手中灯就被风吹灭。苏护连忙跑回大厅，喊家将取来灯火，急忙来到后堂妲己的房中，只看到几个侍女慌张无措。他立刻上前掀开妲己的床帐问："女儿，刚才有妖气进来，你看见了吗？"妲己说："女儿正在睡梦中，忽然听见侍女喊'妖精来了！'并没有看见什么妖精呀。"

"谢天谢地，没吓着你，没事了，你接着睡吧。"苏护安抚了妲己几句，看着她睡下了，才又出去巡视去了。

然而，就在他关门的一瞬间，妲己的脸上露出一丝诡异的笑容，原来，她不是真正的苏妲己，而是女娲派来的九尾狐狸精。真正的妲己早在苏护手中的灯熄灭时，已经遇害。九尾狐狸精附在妲己的身体上，要到纣王身边兴风作浪了。

国学大讲堂

古代的驿站

古时候交通不发达，信息或者文书要靠差役们骑着马传递。因为路途遥远，差役和马中途都要休息。于是，朝廷在差役们经过的路上设置了很多驿站。驿站有专门的人员进行管理和接洽，送信的差役们可以在驿站休息，同时换掉疲惫不堪的马。而外出的官员们也可以在驿站中休息。据甲骨文记载，我国商朝时期就设有驿站了，但那个时候还没有出现"驿站"这个名称。

妲己真的姓苏吗？

《封神演义》中妲己是苏护的女儿，自然也姓苏。但根据史书记载，历史上真的有妲己这个人，她是商朝时期苏氏部落的苏国人。苏妲己名字中的"苏"字指的是苏国，己（jǐ）才是她的姓，妲是她的字。

虽然真实的妲己并不是九尾狐狸变成的，但她到纣王身边后，的确怂恿纣王残害大臣和百姓，干了许多罪恶滔天的坏事，在一定程度上加速了商朝的灭亡。

为什么古代的文学作品中有很多妖魔鬼怪？

古时候，人们对自然世界的认识非常有限，所以当一些无法控制的事情发生时，他们就以为有一种看不见的力量在掌控着这一切。于是，他们便展开想象，把这种神秘力量具象化了。比如，他

们认为天上有雨神、风神和雷神，所以才会下雨、刮风、打雷。通过这样的方式，他们想象出了掌管各种事务的神仙。神仙在人们的心目中是神圣的、正义的，能给人们带来幸福。

那么，不好的事情发生时，是谁在作祟（suì）呢？这时，人们又想象出了很多妖魔鬼怪。这些妖魔鬼怪大多和动物有关，比如狐狸精、蛇精、狗怪等等。由此可见，世界上根本没有神仙和妖魔鬼怪，这都是想象的结果。

但凭空想象出来的东西有用吗？当然有用！

读书人把这些神仙鬼怪编成故事，创作出了精彩绝伦的志怪小说。

经典的志怪古籍《山海经》里面记载了许多造型奇特、本领非凡的珍禽异兽，还有很多神话故事，内容包罗万象，被人们称为奇书。

东晋时期的文学家干宝被称为中国志怪小说的鼻祖，他撰写的志怪小说《搜神记》，共有大小454个故事，故事的主角大部分都是神灵和鬼怪。到了清朝时期，蒲松龄写出了一部《聊斋志异》，把志怪小说推向了高峰。

我们熟悉的《西游记》中，妖怪象征着艰难险阻，唐僧师徒四人就是在和妖怪打斗的过程中，逐渐成长起来的。

在文人的笔下，神怪都被赋予了人的性格，有的娇憨可爱，有的凶狠恶毒，有的勇敢正义，有的狡猾难缠。他们借助神灵鬼怪，写出了丰富多彩的人性，为后人留下了珍贵的精神食粮。

你知道吗？

现在，冀是河北省的简称，但古时候天下划分为九个州，冀州是其中之首，包括现在的北京市、天津市、河北省、山西省、河南省北部以及辽宁省与内蒙古的部分地区。

　　故事中姬昌没有直接去规劝苏护，而是给他写了一封信。书信是日常生活或工作中经常会用到的一种文体，在写信的时候，一定要注意格式的正确：

　　1.开头要有称呼，并且称呼要顶格写，称呼后面要加冒号。

　　2.正文部分每一个段落的开头都要空两格。

　　3.正文结束以后，要有祝颂语，即祝福或致敬的话，比如"此致""敬礼"等。

　　4.最后在祝颂语的下面靠近右侧的地方署上自己的名字，下面写上日期。

　　请结合故事中的内容，用书信的正确格式，以姬昌的身份给苏护写一封信，劝他把妲己送进宫。

_____

_____

_____

_____

_____

冀州侯苏护：

　　见字如面！

　　我们同朝为臣，看到当前不利于你的局势，特意写一封信来劝劝你。

　　为人父母，我当然理解你爱女心切，但是大王已经下定决心要让妲己进宫，不可更改。之前你一时意气，没有充分考虑后果，在宫门题诗一首，决心永不朝商。大王面上无光，大发雷霆，已经使得冀州兵临城下，现在你的儿子也已经被他们捉去。

　　再这么下去，哪怕你举全冀州的力量来对抗王师，也无异于以卵击石。恐怕到最后，你全家都要因此获罪而被杀，冀州的百姓们也要无辜受牵连，妲己却仍然要以罪臣之女的身份进宫受苦。

　　而如果现在你改变态度，主动送妲己进宫，亲自向大王请罪，我们一众老友都会为你向大王求情。到时候，妲己不但会成为大王身边的贵人，大王也会看在你献女有功的份上，饶恕你之前的过错，赦免你全家，冀州也能避免一场灾难。情势危急，千万要抓住当下的时机挽回局面，不能再意气用事了。

　　顺颂时祺！

西伯侯姬昌

帝辛二年 XX 月 XX 日

第三回

云中子进剑除妖

众大臣请纣王上朝

　　苏护不知道妲己已经被九尾狐狸精附身，小心翼翼地护送妲己来到都城朝歌。纣王一看见妲己，立刻被她迷得神魂颠倒。他每天只顾着和妲己寻欢作乐，一连两个月都不上朝，大臣们递上来的奏折堆成了山，他连看都不看一眼。

　　一直这样下去不是办法呀！上大夫梅伯和首相商容、亚相比干商量了一番，决定敲响大殿上的钟和鼓，逼纣王上朝。

　　这天，纣王正在和姐己享乐，大殿上的钟和鼓忽然一起响起来，大臣们齐声呼喊："请大王上朝！请大王上朝……"纣王被吵得实在没办法，只能依依不舍地离开姐己，不情不愿地来到大殿上。可是一看见大臣们手里成摞（luò）的奏折，他顿时觉得心烦意乱，不耐烦地说："今天我身体不舒服，退……"

　　"朝"字还没说出口，首相商容和亚相比干就跪在地上，苦口婆心地说了一通大道理，恳请纣王勤政爱民，专心治理国家。纣王眯着眼不以为然地说："外有太师闻仲除恶安邦，内有首相商容料理国事，这天下不是被治理得好好的吗？有什么好操心的？"

云中子前来除妖

　　商容和比干想要继续规劝纣王，这时，午门的传令官进来禀告："门外有一个叫云中子的道长说有要紧的事要求见大王。"

　　纣王并不认识云中子，但他觉得听一个道长说话，比听大臣们在耳边没完没了地啰唆要轻松多了。于是，他赶忙下旨宣云中子觐见。

　　云中子可不是凡人，而是终南山上的一位神仙。他在采药的时候发现朝歌的王宫上空弥漫着一团妖气，特意赶来除妖的。纣王知道云中子的来意后，哈哈大笑着说："道长一定搞错了，我这王宫守卫森严，怎么会有妖精呢？"云中子说："妖精已经变成人形，就在大王身边，如果不尽早除去，它定会祸国殃民。"纣王听后半信半疑，于是问云中子："道长，既然你说有妖，那你拿什么除妖啊？"

只见云中子右手拿着拂尘，左胳膊上挎着一个花篮，默念了几句咒语，一把剑便从花篮中飞出来。

巨阙剑悬分宫楼

"这就是除妖的法宝。"云中子说。

纣王上前仔细一瞧，笑着问："你这把剑是木头做的吧？真的管用？"

"对付道行高深的妖精，我会使用照妖宝剑，"云中子耐心地解释道，"但是大王身边这个妖精，只是一只千年狐狸精，根本用不着照妖宝剑，这把老枯松枝削成的巨阙（quē）剑就足够了。"见纣王依然半信半疑，云中子接着说："大王如果不信，可以将这把剑挂在分宫楼门口，不出三天定能将妖精除去。"

云中子仙风道骨，说得有鼻子有眼的，纣王在心里盘算了一下，觉得只是一把木头剑而已，挂在楼门口就算不能除妖，也没有什么坏

处，就让人把巨阙剑挂在了分宫楼门口。云中子以为这样就万事大吉了，便告别纣王飘然离去。纣王本来就没有心思上朝，云中子来了以后又耽搁了很长时间，纣王的心早就飞到妲己身上了。于是，他把大臣们全都打发走，急匆匆地去寿仙宫找妲己了。

妲己被宝剑所伤

寿仙宫里平时总是歌舞不断，非常热闹。现在却冷冷清清的，也不见妲己前来接驾。纣王正纳闷，服侍妲己的婢女神色慌张地上前禀告："大王，不好了，妲己娘娘不知道得了什么重病，卧床不起了。"

纣王吃了一惊，飞奔到寝宫，果然看见妲己病恹（yān）恹地躺在床上，脸色苍白得吓人。"美人，你这是怎么了？我走的时候不是还好好的吗？"纣王心疼地抓住妲己的手。妲己有气无力地说："我也不知道怎么回事，大王离开那么长时间还不回来，我心里记挂，想出宫迎候大王。谁知走到分宫楼门口，猛然间看见门上挂着一把剑，吓得出了一身冷汗，随后就病倒了。大王，我就要离你而去了，你要

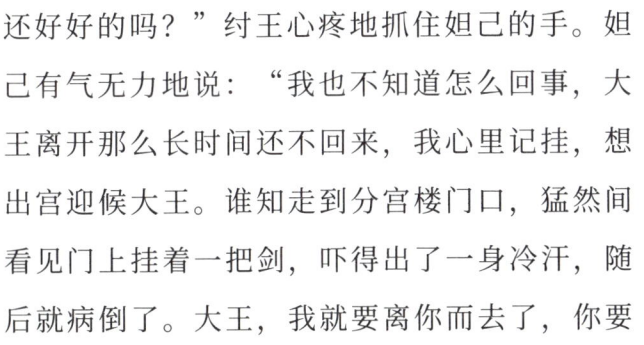

珍重啊！"妲己一把鼻涕一把泪地说着，纣王心疼得都快流眼泪了。

"美人别怕，那是云中子送给我的剑，说是能除妖。唉……我真是糊涂啊，竟然相信他的鬼话，还差点儿害了我的美人。"纣王后悔至极，立即让人把巨阙剑摘下来，扔进大火中烧毁了。

云中子题诗而去

云中子从宫殿里出来以后，还没走多远，便看见朝歌上空的妖气越来越淡。他知道这是巨阙剑起作用了，心里正高兴，忽然那团妖气又翻涌起来，变得比之前更加浓重。他掐指一算，知道巨阙剑被纣王烧了，长叹口气说："罢了罢了，我原本想帮助纣王除掉九尾狐狸精，让商朝的气运延续得久一些。没想到这个昏庸无道的纣王竟然毁了我的一片良苦用心，商朝大势已去，回天无力了。我既然下山一场，就留下一首诗，等着后人验证吧。"

妖氛秽乱宫廷，圣德播扬西土。

要知血染朝歌，戊午岁中甲子。

云中子心中感慨，把这首诗写在墙壁上，无奈地摇着头回终南山了。

终南山

在中国的神话传说中，很多神仙都生活在终南山上。终南山位于陕西省南部，秦岭山脉中段，是道教的发源地之一，相传王重阳、吕洞宾、太上老君等道教名人都曾经在终南山上修行。《封神演义》中的姜子牙、著名诗人王维、药王孙思邈（miǎo），也曾经在终南山上隐居。这些名人及相关传说，使终南山变成了让人向往的仙山。成语"寿比南山""终南捷径"中的"南山"和"终南"指的都是终南山。

古代的钟和鼓

商朝时期已经有钟和鼓了，商朝的钟是青铜制作而成的，3个或5个大小不同的钟为一组，称为"编钟"。商朝时期只有王公贵族才能使用钟，因此，钟是地位和权力的象征。而鼓被称为乐器之王，最初只是用在祭祀中，因为古人认为击鼓的声音能传到天庭。后来，人们在狩猎的时候用鼓声震慑（shè）野兽。或者在战争中，需要鼓舞人心的场合，人们也喜欢用鼓来振奋精神。

为什么云中子选择用松树枝做剑？

松树不怕寒风与冰雪的侵袭，在寒冷的冬天依然绿油油的，生命力非常旺盛。因此，人们把松树看作长寿、坚韧的象征。而松树的枝叶繁茂，给人一种庄重严肃的印象，看上去非常神圣，人们据此认为松树能够驱邪避鬼，给人们带来吉祥。人们喜欢在庙宇中、坟地周围栽种松树就是这个原因。《封神演义》中云中子用老枯的松树枝做成剑对付妲己，实际上也是在利用松树驱邪避鬼。

不过，松树是一种非常神奇的植物。除了驱邪避鬼的象征意义以外，人们同时又觉得高大的松木显得阴森森的，让人感觉有些害怕。所以，你留心观察一下就会发现，人们喜欢买一些矮小的松树盆景放在家中欣赏，却很少在庭院中栽种高大的松树。

巨阙剑

巨阙是古代名剑，相传是铸剑鼻祖欧冶（yě）子所铸的重剑。"阙"的意思就是残缺，据说剑初成之时，越王勾践曾经用它的剑气将暴走中的马车砍为两节，又像切米糕那样毫不费力地将一口大铜锅刺出一个大缺口来，于是为此剑取名"巨阙"。据说，巨阙剑是所有宝剑中最为锋利的一把，外形厚重，坚硬无比。它与湛卢、纯钧、胜邪、鱼肠一起并称"越五剑"。

你知道吗？

影视剧中道士出场的时候，手里总是拿着一个法器。这个法器由手柄和一束马尾巴似的兽毛组成。这种法器名叫拂尘，有扫去烦恼的意思。古代掸去尘土、驱赶苍蝇，也经常使用拂尘。

1.云中子送给纣王的剑是用哪种材料做成的？（　　　）

A. 柳木

B. 桃木

C. 松木

2."病恹恹"中的"恹"的正确读音是（　　　）。

A. yān

B. yǎn

C. yàn

3.纣王并不认识云中子，为什么答应接见他呢？

_____

_____

4.纣王一直不上朝，如果你是首相商容，你会怎样规劝纣王上朝理政呢？

_____

_____

5.纣王质疑云中子的巨阙剑，云中子没有生气，而是耐心地为纣王解释。你在生活中有没有受到过别人的质疑，你当时是什么样的反应呢？

_____

_____

互动小课堂

参考答案

1. C

2. A

3. 因为纣王昏庸，根本听不进忠言，他宁愿听道士说话，也不耐烦听大臣们啰唆。

4. 我会说："陛下，您是一国之君，百官的榜样，全天下都看着您的所作所为呢！您要以国事为重，做一位让人称道的明君。"

5. 遇到过，我当时非常生气，但事情过去以后又有点儿后悔。因为别人不是我，不了解我，也不知道我的所思所想，受到质疑是很正常的。这时候需要的不是生气，而是充分有效的沟通，让质疑我的人了解我，理解我的所思所想，问题便能迎刃而解。

第四回

殷郊殷洪虎口逃生

姜王后遇害

云中子除妖失败以后，妲己变得更加肆无忌惮。她发明了一种名为炮烙（luò）的酷刑，拿直言进谏的上大夫梅伯第一个开刀试刑，惨状令所有大臣们战战兢兢。渐渐地，朝歌城的百姓们怨声载道，整个国家乌烟瘴气，而纣王仿佛变成了一个提线木偶，妲己说什么，他就听什么。妲己让他干什么，他就干什么。

正直善良的姜王后实在看不下去，劝纣王不要被妲己迷惑，结果惹恼了妲己。妲己设下毒计，诬陷姜王后谋害纣王。纣王不问青红皂白，也没有进行查证，就听信妲己的话对相处多年的姜王后严刑逼供，姜王后受不住酷刑，含恨气绝身亡。

姜王后所生的两个儿子殷郊和殷洪，一个十四岁，一个十二岁，眼睁睁地看着他们的亲生母亲惨死在眼前，心中悲愤万千，提着剑就要去寿仙宫找妲己报仇。西宫的黄妃是个心善的人，而且和姜王后的关系十分亲近，她担心殷郊、殷洪冒冒失失去找妲己会遭遇不测，连忙拦下他们，让他们先躲藏在自己的西宫中。

殷郊殷洪东躲西藏

　　殷郊、殷洪提着剑赶往寿仙宫的情景被大将军晁（cháo）田和晁雷看见了，他们俩立刻跑去向纣王通风报信，纣王听完像一头发怒的狮子大声吼道："把这两个逆子统统杀掉，一个也不留！"

　　晁田和晁雷带着纣王的旨意来到西宫，不料黄妃指着他们的鼻子破口大骂："大王让你们抓人，你们不去东宫，偏偏要来我这个西宫。是狗仗人势，看我好欺负吗？还不给我滚出去！"黄妃毕竟是纣王的妃子，晁田和晁雷可招惹不起，于是，二人灰溜溜地退出西宫，转身去东宫了。

　　他们走后，黄妃流着泪对殷郊和殷洪说："二位殿下，晁田和晁雷虽然被我骂走，但我和姜王后关系亲近，恐怕会让大王怀疑。我这西宫并不安全，你们去杨妃宫里躲一躲吧。"

　　殷郊、殷洪谢过黄妃，来到杨妃的住处。可是，纣王执意要杀的人，宫里怎么藏得住呢？杨妃给二位殿下出了个主意，让他们去长朝殿找大臣们帮忙，或许还能有一线生机。

方弼方相怒反朝歌

长朝殿是纣王和大臣们商量国家大事的地方，此时此刻，大臣们正聚在里面，忽然看见殷郊和殷洪慌里慌张地跑进来。武成王黄飞虎纳闷地问："二位殿下，你们怎么跑到这里来了？"殷郊、殷洪哭着说："父王听信妲己的话杀害了我们的母后，还派人追杀我们。请大家救救我们。"大臣们听完又震惊又气愤，要敲钟鼓请纣王上朝为姜王后洗刷冤屈。

这时，一个炸雷般的声音从大殿门口传来："纣王杀妻灭子、残害忠良，他已经昏庸到这种地步了，我们还保他干什么！不如反了纣王，去寻找圣明的君主！"大家顺着声音看过去，发现说话的竟然是镇殿大将军方弼（bì）和方相。其实大臣们早就已经对纣王失望透顶，但造反是大事，稍不小心就会家破人亡，谁敢轻举妄动啊！大家除了摇头叹气，一点儿办法也没有。

方弼和方相见大臣们不说话，冲到人群前面，把殷郊和殷洪夹在胳膊下面就往殿外跑，要带着他们去借兵除掉纣王。他们力气太大了，大臣们没有拦住。

殷郊殷洪命在旦夕

消息很快传到了纣王的耳朵里，纣王立即下令让武成王黄飞虎捉拿方弼、方相和二位王子。黄飞虎不敢违抗纣王的命令，骑上他的五色神牛追了上去。但追上以后，他实在不忍心让殷郊、殷洪白白惨死，又把他们放了。纣王非常生气，又派殷破败和雷开去追他们。

方弼和方相带着两位殿下往前走了一段路，觉得四个人在一起太显眼了，很容易暴露目标，于是四个人分开而行，往不同的方向走去。

殷郊和殷洪从小在宫里过着养尊处优的生活，哪里走过这么远的路啊！他们的脚磨破了，没有钱吃饭，也没有地方睡觉，很快就被殷破败和雷开捉住，带回了朝歌。纣王不顾大臣们的反对，命人把殷郊和殷洪五花大绑押到行刑台，要把他们斩首。

两位行刑官慢慢把刀举起来，正要往下砍去，忽然，天上刮起一阵大风，吹落了行刑官手中的刀，吹得他们睁不开眼睛。不一会儿，风停了，而行刑台上的殷郊和殷洪却消失不见了。

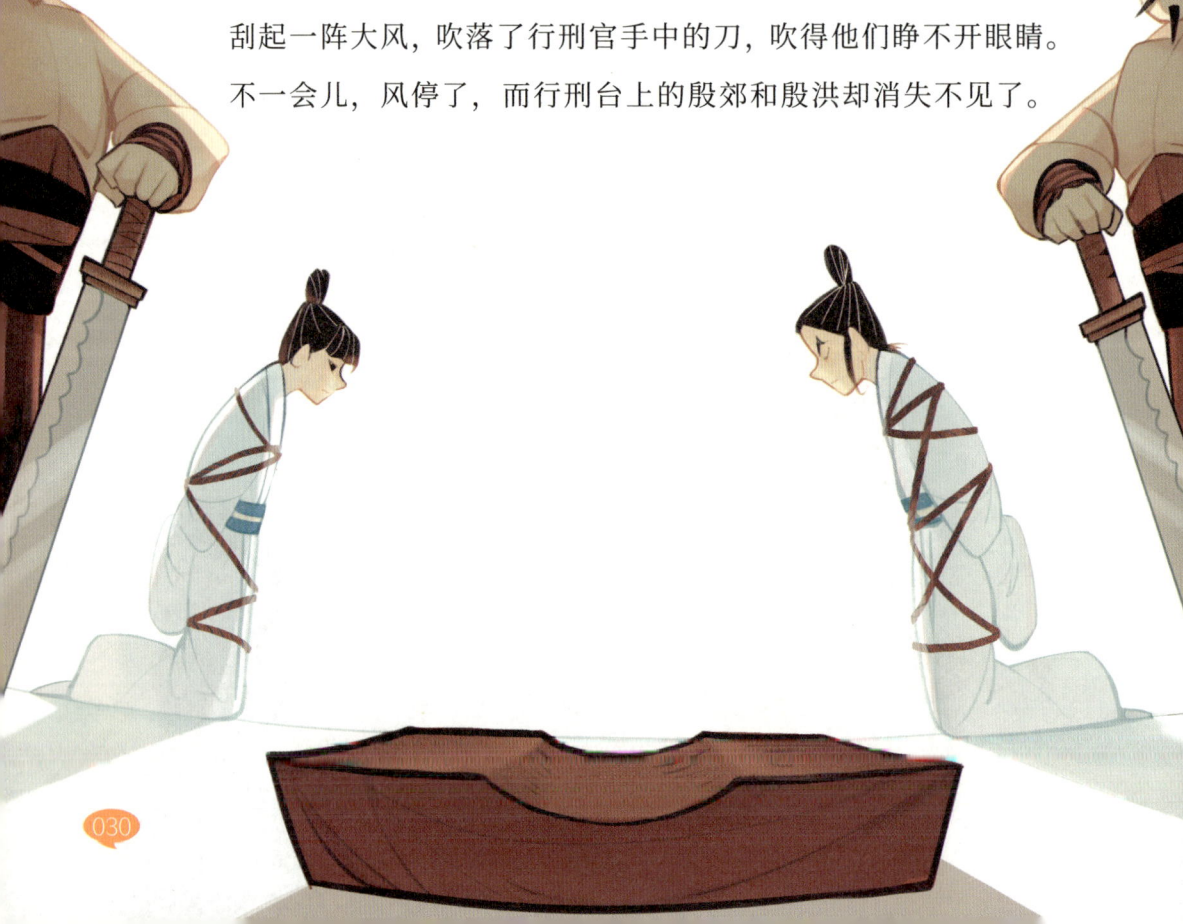

二位神仙出手相助

大家别忘了，殷郊、殷洪的名字都在封神榜上，将来是要被封为神仙的。他们怎么能什么事也没干，就这样死掉呢！他们早就被两位神仙救走了。这两位神仙：一个叫赤精子，一个叫广成子。这天，他们正腾云驾雾到处游山玩水，忽然被殷郊、殷洪头上的两道红光挡住去路。广成子说："遇到纣王这样的父亲，真够倒霉的。我看这俩孩子头上有红光，日后肯定会卷入伐纣的战争中。不如我们把他们带回去，教他们明辨是非，让他们长大后帮助姜子牙和姬发讨伐纣王吧。"赤精子觉得广成子的话很有道理，于是他们用一阵大风把殷郊、殷洪救走，赤精子收殷洪为徒，广成子收殷郊为徒。殷郊、殷洪这两个苦命的孩子，历尽艰险终于逃出虎口，保住了性命。

方弼和方相

过年的时候，有的人家喜欢在门上贴一对门神，保佑家宅平安。门神都是成双成对的，在中国的传统民俗中，有许多对门神，比如唐朝时期的大将军秦琼和尉迟敬德、《山海经》里的神仙神（shēn）荼（shū）和郁垒（lǜ）。《封神演义》中的方弼和方相是一对守护大殿的将军，他们不畏强权、维护正义，受到人们的喜爱和赞赏。因此，人们也把他们尊称为门神，而且方弼和方相是最早使用真实姓名的门神哟。

三宫六院

三宫六院指的是皇帝与后妃们的住所，也用来泛指嫔妃。而明清后的"三宫六院"指的是故宫中的建筑。三宫指乾清宫、坤宁宫和交泰殿，六院其实是东、西各六院，东六院指延禧宫、景仁宫、承乾宫、钟粹宫、景阳宫和永和宫，西六院指储秀宫、翊坤宫、永寿宫、长春宫、咸福宫和启祥宫（太极殿）。

为什么古代要把人推出午门斩首？

你发现了吗？在古代的文学作品中，死刑犯经常被推出午门斩首。午门到底是什么地方，为什么要在那里斩首呢？

午门，是皇宫的大门。明朝的时候，如果大臣犯了错，皇帝就让人把他带到午门，实施"廷仗"。所谓"廷仗"就是打屁股，

一般情况下皇帝只是让人象征性地惩罚一下大臣，并不是要处死，但后来发生了两件大事。

第一件发生在明武宗时期，明武宗朱厚照听说江南地区的女子十分貌美，决定亲自去江南选美，但大臣们认为他贪恋美色会荒废朝政，于是大家一起阻止明武宗。明武宗非常生气，把大臣们全都押到午门打屁股，竟然当场打死了11个大臣。

第二件事发生在明世宗朱厚熜（cōng）身上。明武宗没有儿子，所以他驾崩以后，皇位传给了他的堂兄弟朱厚熜。朱厚熜继位以后，要把他的亲生父亲尊为先帝。但大臣们认为，他的皇位是从明武宗那里继承来的，明武宗才应该是先帝。于是大臣们极力反对，一百多人集体在左顺门哭谏，结果明世宗勃然大怒，下令廷仗，打死了17个大臣。

这两件惨案轰动了天下，百姓们就以为午门是皇帝杀人的地方，这样一来便有了"推出午门斩首"的说法。

你知道吗？

炮烙之刑在历史上是真实存在的，它的发明者是商纣王。但在《封神演义》中，作者为了突出妲己的残暴性情，把炮烙的发明安到了她的身上，而把纣王打造成了受狐妖蛊惑的形象。

故事中的纣王对妲己言听计从。妲己让他做什么，他就做什么。什么样的人才会完全按照别人说的话去做事呢？没错，就是提线木偶。提线木偶的胳膊、腿，还有嘴巴、眼睛，都有线牵着。操纵者让它抬哪条腿，它就抬哪条腿。让它张嘴，它就张嘴。纣王和提线木偶的表现十分相似，妲己让他做什么，他就做什么，因此故事中说纣王仿佛变成了一个提线木偶。这种从一个事物，想到另外一个相关事物的写作方法叫作联想。联想的两个事物之间是有关联的，要么就是形状相似或者颜色相同，要么就是品质或者性格相像，要么就是正好相反。

"联想"不但会让你的描写变得生动形象，还能锻炼你的发散思维。现在就开始练习一下吧。看到下面的事物，你会联想到什么呢？

1._____ 2._____

3._____ 4._____

参考答案

1. 镰刀、香蕉、微笑的眼睛

2. 美人的长头发

3. 张着嘴巴的怪兽

4. 弯着腰的仆人

第五回

姬昌被囚姜里

费仲献计害诸侯

纣王杀妻灭子、残害忠良，姜王后刚死，他就立即把妲己立为王后。首相商容在大殿上声泪俱下地控诉纣王，纣王不但不听，还要治商容的罪，商容气得一头撞死在柱子上。大夫赵启骂纣王是昏君，也被纣王用炮烙之刑残忍地杀害了。现在的纣王根本听不进忠言，谁反对他，他就要谁的命。朝中的大臣们，他全都不放在心上。但有一个人，却让他隐隐感到有些不安。这个人就是姜王后的父亲姜桓（huán）楚。

姜桓楚是四大诸侯中的东伯候，势力非常强大。纣王杀了姜王后，担心姜桓楚会和其他诸侯联合起来，给姜王后报仇，便找费仲商量办法。

费仲说："大王，您可以先下手为强，把四大诸侯先骗到朝歌来。到时候要杀要刚，还不是您说了算吗？"

"妙啊，妙啊！"纣王拍手叫好，立即下令召见东西南北四大诸侯。

这个时候姜桓楚还不知道姜王后已经遇害。他接到圣旨后马不停蹄地赶往朝歌，半路上遇到南伯候、北伯侯和西伯侯，才听说了姜王后被害的事。

纣王诛杀四大诸侯

　　到了朝歌以后，姜桓楚质问纣王为什么杀害姜王后。但他的话还没说完，纣王就反咬一口，说姜桓楚指使姜王后谋杀自己举兵造反，要把他处死。

　　滔天大罪从天而降，让在场的所有人都目瞪口呆。西伯侯姬昌、南伯侯鄂崇禹、北伯侯崇侯虎连忙给姜桓楚说情，纣王勃然大怒，要把四大诸侯全部处死。费仲、尤浑和北伯侯崇侯虎关系十分密切，恳请纣王放过崇侯虎。黄飞虎和比干等也带着大臣们为四大诸侯求情。大殿上乱成了一锅粥，纣王的脑袋被他们吵得嗡嗡响。他在心里盘算了一下：东伯侯姜桓楚一定会为女儿报仇，必须得杀！南伯侯鄂崇禹跟他素来是一伙的，一起杀掉。北伯侯崇侯虎和费仲、尤浑关系不一般，可以免他死罪。西伯侯姬昌素有贤名，如果把姬昌杀掉，难堵天下悠悠众口，所以姬昌不能杀。

费仲尤浑试探姬昌

　　就这样，纣王处死了姜桓楚和鄂崇禹，放了姬昌和崇侯虎，大殿上的一场血雨腥

风这才平息。

姬昌收拾好行李，正与黄飞虎、比干等大臣告别，费仲、尤浑来了。大臣们看见他们俩就来气，不愿意理会他们，全都找借口走了。姬昌知道费仲、尤浑心里一定又憋着坏主意呢，但他们是纣王的宠臣，姬昌不敢怠慢他们，只能装出一副十分恭敬的样子向他们敬酒。几杯酒下肚以后，费仲说："听说侯爷擅长占卜，不如算一算我们殷商的气运如何？"

其实费仲和尤浑是来替纣王试探姬昌的。他们认为让姬昌回西岐是放虎归山，后患无穷，所以特意来为姬昌送行。如果姬昌说错了话，他们就去报告纣王，让纣王处死姬昌。

姬昌平时说话做事都十分谨慎，但此刻他喝得醉醺醺的，没有想那么多便脱口而出："商朝气数已尽，就要毁在纣王手里了。"

费仲和尤浑相互使了个眼色，接着说："请侯爷再帮我们俩算一算。"

"你们俩呀，"姬昌看了他们一眼，"你们会被雪水淹没，封在冰里，活活冻死。"费仲和尤浑听了，气得要命，面上却仍是笑嘻

嘻，心想现在还不是和姬昌翻脸的时候，于是强忍着继续问："那侯爷自己是什么样的命运呢？"姬昌笑着说："我会寿终正寝，命运还算不错。""那是，那是，侯爷贤德，必定会福寿双全。我们朝中还有事，先告辞了，侯爷保重。"

从姬昌那里回来以后，费仲和尤浑气得脸色铁青，嘴唇发抖。他们来到纣王面前，添油加醋地说："大王，姬昌说我们殷商要葬送在您的手上，还说您是个昏君，不得好死，他自己却能寿终正寝。"纣王听了，暴跳如雷，立即命令晁田捉拿姬昌。

当晁田带着士兵出现在姬昌面前时，姬昌才意识到自己说错话了。他在来朝歌之前，早已经算出自己会有七年的牢狱之灾，于是，他对家将们说："我命里有七年的牢狱之灾，但不会有性命之忧。你们告诉我的大儿子伯邑考，让他孝敬母亲，友爱弟弟，爱护西岐的百姓，千万不要来朝歌救我。"

姬昌被囚羑里

家将们带着姬昌的嘱托返回西岐，姬昌跟着晁田回到了朝歌。黄飞虎和几位大臣得到消息，赶忙来替姬昌说情。

亚相比干说："姬昌擅长占卜，大王可以让姬昌卜上一卦，如果卜得不准，再杀他也不晚。"纣王见朝中最重要的几位大臣都为姬昌说情，就答应让姬昌卜卦，姬昌卜算了一下，顿时大惊失色，说道："明天中午太庙会有火灾。"纣王命人把姬昌关进牢房，等待第二天中午验证占卜的结果。

费仲和尤浑为了不让姬昌的卦应验，怂恿纣王下了一道命令，禁止任何人在太庙中焚香，并让人严加看守。

第二天中午时分，太庙中冷冷清清的，一个火星也没有。纣王和费仲、尤浑正在偷着乐，谁知半空中忽然传来一声巨响，地动山摇，太庙果然燃起了熊熊大火。谁也不知道这把火到底是怎样烧起来的，但姬昌的卦应验了，纣王就得遵守之前的约定不能杀他。纣王不愿意放姬昌回西岐，就想了一个折中的办法，把姬昌囚禁在一个叫作羑（yǒu）里的地方。

朝歌和西岐

《封神演义》中有两个非常重要的地名：朝歌和西岐。朝（zhāo）歌是商朝的都城，也就是我们现在所说的首都。商朝历经500多年，都城曾经变换过很多次。盘庚时期迁都至沫邑（今河南淇县），在这个地方建起了很多宫殿。纣王继位以后，把沫邑改名为朝歌。从此以后，朝歌就变成了商朝的都城。

西岐（今陕西省宝鸡市岐山县）是西周的发源地，西岐有一座岐山，传说山上有凤凰，并且"三皇五帝"中的炎帝就是在岐山诞生的。

商朝的占卜文化

在三千多年前的商朝，非常流行用甲骨占卜来预言吉凶。占卜文化几乎涉及了商朝社会生活的方方面面：上至战争、祭祀等国家大事，下至气候、田猎、病患、出门等小事，王室贵族都要求神问卜。占卜结束后，人们会将占卜的时间、相关人物、问题、结果刻在甲骨上。记录在甲骨上的文字，就是甲骨文——现存已知我国最古老的文字。

甲骨文是汉字最原始的模样

汉字的演变经历了非常漫长的过程，它的雏形是距今三千多年的商周时期的甲骨文。甲骨文是刻在龟甲或兽骨上的文字，因而也

被称为"契文""龟甲文字"。

甲骨文最早发现于河南省安阳市小屯村及其周围——也就是现在的殷墟遗址，所以人们也把甲骨文称为"殷墟文字"。甲骨文是中国目前所知最早的成体系的文字，还和楔形文字、象形文字、玛雅文字并称为"世界四大古文字"。

甲骨文　　　　楔形文字　　　　象形文字　　　　玛雅文字

关于甲骨文的发现，有一个啼笑皆非的小故事。相传，清末年间，河南安阳的农民在种地时挖出了许多碎骨片。于是，有一些黑心商人便把这些碎骨片包装成了"包治百病"的药材——"龙骨"，卖给了不知情的百姓们。因此，许多记录商代历史的甲骨被磨成了骨粉，进到了人们的肚子里。直到有位金石学家在买药时看到上面的奇怪符号，他突然意识到这些碎骨片可能具有非凡的价值。之后，经长时间的考证，人们这才发现原来这些碎骨片上的符号来自商朝时期。

你知道吗？

羑里是古代的地名，是商纣王囚禁姬昌的地方，也是中国最早的国家监狱。现在，河南省安阳市汤阴县有一座羑里城遗址，又称文王庙，里面有很多关于周文王的古迹和记载，有机会可以去参观一下哟！

互动小课堂

1. 请写出四大诸侯的名字：东伯侯 _____、西伯侯 _____、南伯侯 _____、北伯侯 _____。

2. "怂恿"两个字的正确读音是 _____。

3. 纣王勃然大怒中的"勃然大怒"可以用哪些成语替换？（至少写出两个）

_____

4. 纣王为什么要杀姜桓楚？

_____

5. 姬昌靠占卜保住了自己的性命，他的故事告诉我们一个什么道理？

_____

6. 纣王要杀害姬昌的时候，大臣们都为姬昌求情。大臣们和姬昌非亲非故，你知道他们为什么要为姬昌求情吗？

_____

参考答案

1. 姜桓楚、姬昌、鄂崇禹、崇侯虎

2. sǒng yǒng

3. 暴跳如雷、怒气冲天（答案不唯一）

4. 因为纣王杀害了姜王后，害怕姜桓楚为姜王后报仇。

5. 姬昌用占卜保住性命，告诉我们人应该有一技之长，或许关键时候能发挥巨大的作用。

6. 因为姬昌善良仁义，人们都很尊敬他。

第六回

小哪吒大闹东海

小哪吒降生

纣王昏庸无道，宠信奸臣费仲、尤浑，妲己又是一个修行千年的狐狸精，道行十分厉害。难道就没有人能治得了他们，任由他们祸害天下的百姓吗？当然不是，俗话说，乱世出英豪，惩恶除奸的英雄们马上就要闪亮登场了，第一位出场的英雄是……他马上就要出生了。

半夜，陈塘关总兵李靖的家里灯火通明。殷夫人马上就要生产了，李靖提着剑焦急地在门外转来转去，心里忐忑不安。一般女人怀胎十月，婴儿就会降生。但殷夫人怀胎三年零六个月才生，李靖怀疑夫人肚子里怀的不是孩子，而是妖怪。

忽然，夫人的房间里闪出一道红光，接着是慌乱的尖叫声："不好了，夫人生了个妖怪！"

李靖一个箭步冲进去，看见一个粉红色的肉球正在地上滚动。"果然是个妖怪，看剑！"李靖举剑就劈，只听咔嚓一声，肉球分成两半，一个小娃娃从里面跳出来，他肚子上围着混天绫，右手上戴着乾坤圈，一落地就到处跑。李靖上前一把将他抱起，递给夫人看，粉粉嫩嫩的一个小男娃，李靖和殷夫人的心顿时就融化了。

太乙真人收徒

第二天，亲友们都来祝贺李靖喜得贵子，李靖正在招待朋友，太乙真人来了。太乙真人是乾元山金光洞中的神仙。一般人看见神仙

都会感到意外，但李靖不会。因为他的大儿子金吒和二儿子木吒都已经拜神仙为师，去学习仙术了。

太乙真人说："听说李总兵刚刚得了一个儿子，很不一般，能否让我看看？"李靖让侍女把儿子抱过来，太乙真人越看越喜欢："我和这个孩子有缘，想收他为徒，不知李总兵是否舍得呀？"

"能拜太乙真人为师，是他的福气，求之不得。"李靖感激地说。

太乙真人说："那就给他取名叫哪吒吧。"就这样，哪吒成为太乙真人的徒弟。

混天绫搅动龙宫

转眼间，七年过去了，哪吒已经七岁，正是贪玩的年纪。这天，天气炎热，哪吒拿着乾坤圈和混天绫来到东海的入海口九湾河，清凉的海水冲散了热气，让哪吒觉得分外舒服。他跳到大海中，用混天绫洗澡，这下可了不得啦。混天绫威力巨大，把海水都映红了。哪吒轻轻将混天绫摇一摇，摆一摆，东海中的水晶宫就跟着地动山摇，龙王摔了个大跟头，虾兵蟹将更是摔得鼻青脸肿，吱哇乱叫。

东海龙王急忙派夜叉打探情况，夜叉提着斧子来到水面上，发现是一个小孩在洗澡，大声呵斥道："哪里来的小孩儿，竟敢在此搅动龙宫？"哪吒抬头一看，好家伙，来了个怪物，头顶一头红发，铁青的面孔上长着巨口獠牙，眼睛像铜铃一样，好奇地问："你是个什么怪物？长得像畜生，怎么也说人话？"夜叉气得双眼冒火，举着斧子就朝哪吒劈下来，有如泰山压顶。哪吒却半点儿也不怕，说了一声："雕虫小技！"后用乾坤圈去挡。只听当的一声巨响，夜叉飞出去了老远，一命呜呼。

哪吒大战三太子

东海龙王得知夜叉是被一个小孩打死的，顿时大惊失色，说："是谁搅我龙宫，打死夜叉？我倒要去瞧瞧！"龙王点兵点将，就要亲自去查个究竟。这时，三太子敖丙自告奋勇地说："父王，这点小事怎么能让您亲自动手呢？我去会会他。"

三太子骑上逼水兽，带领虾兵蟹将，向哪吒而去。刚才还混沌一片的海水，立刻翻涌着分向两边。哪吒不知道怎么回事，惊讶地看着海水，突然逼水兽驮着三太子从海水中间冲出来，身后跟着数不清的虾兵蟹将。

"刚才是谁打死了夜叉？"敖丙大声问。

"你说的是那个蓝面孔红头发的怪物吧？是我打死的。"哪吒说。

"你是谁？"敖丙问。

"我是陈塘关总兵李靖的儿子，哪吒。我好端端在这里洗澡，他无缘无故跑来骂我，打死活该！你又是谁？"

"我是东海龙王三太子敖丙。小孩儿，你搅动龙宫，又把夜叉打死，还敢口出狂言，拿命来！"

龙王三太子殒命

三太子手拿长戟（jǐ），骑着逼水兽扑向哪吒。哪吒见对方来势汹汹，不敢怠慢，急忙把混天绫朝着三太子甩出去。混天绫一碰到三太子，就像包粽子一样把他紧紧裹住。哪吒用力往下一扯，三太子就从逼水兽上跌了下来。三太子拼命挣扎，哪吒飞身上前踩在他的脖颈

上，一手抓住龙角，一手举起乾坤圈，照着三太子的脑门就狠狠敲了一下，这下三太子可受不住了，软绵绵地倒在地上现出真身——一条小龙。

"原来这么不经打。"哪吒还不知道自己闯了大祸，得意地说："多漂亮的小龙啊，把他的龙筋抽出来，给父亲做一条腰带，父亲一定很喜欢。"说完，他把三太子的龙筋抽出来，蹦蹦跳跳地回家了。

国学大讲堂

李靖是谁？

李靖是神话传说中的人物，在《封神演义》中他是镇守陈塘关的将军，在《西游记》中他是托塔李天王。那么，李靖究竟是谁？他为什么会频繁出现在神话故事中呢？

李靖是唐朝时期的一位开国大将军。他战功赫赫，威武不凡，被人们尊称为战神。李靖死后，人们为他修建庙宇，像供奉神仙一样供奉他。渐渐地，李靖就变成了人们心目中的神仙。

冷兵器和热兵器

你知道吗？兵器也有冷热之分哟！冷兵器指的是不带有火药、炸药或其他燃烧物的兵器。

热兵器则相反，是利用燃料进行射击的兵器，如火铳（chòng）、枪、炮等。在火药发明之前，人们行军打仗使用的基本上都是冷兵器。《封神演义》中，龙王三太子使用的戟（jǐ），夜叉使用的斧子，都属于冷兵器。除了戟和斧以外，常见的冷兵器还有刀、剑、枪、戈、矛、钩、弓箭等。

雕虫小技

我们都知道，雕虫小技是一个成语。其中的"雕"是雕刻的意思，那么，"虫"是什么意思呢？

关于"虫"字的解释，人们有不同的看法。有人认为，"虫"就是我们常见的小动物虫子。但也有人认为，"虫"指的是我国古代的一种字体——虫书。

虫书又叫"鸟虫书"或者"鸟虫篆（zhuàn）"，虫书的字形弯弯曲曲，变幻莫测，并且经常用虫子、鱼、鸟等小动物做装饰。虫书是一种装饰性的文字，一般用在器物、兵器、印章或者瓦当上，增添文艺色彩和美感。

西汉时期有一位汉赋名家名叫扬雄，他写的汉赋闻名天下，于是一些仰慕扬雄的人问他："你的汉赋写得这么好，是不是小时候就会呀？"扬雄得意地笑笑说："然。童子雕虫篆刻。"意思是："没错，写汉赋就像小孩子拿着刀写虫书、刻画符号一样，都是小把戏。我小的时候就已经会写了。""雕虫"一词就是从这里来的。

后来，人们把微不足道的小技能叫作雕虫小技，经常用来表示自谦，或者贬低他人。

你知道吗？

相传明朝时期，皇帝朱棣想在北京建一座皇城，但得知这个地方有孽龙把守，便让姚广孝想出镇压孽龙的办法。最后，在众人集思广益下，认为八臂哪吒能镇妖伏魔，便把皇城中的各种建筑排列成八臂哪吒的身形。于是，古时候北京又称为八臂哪吒城。

互动小课堂

在写作文的时候，经常要描写人物的外貌。人物的身体部分，如眼睛、鼻子、嘴巴、耳朵、身高、体形、头发等，都可以进行描写。但是如果每个身体特征都写出来，一不小心文章就会显得啰唆。所以，我们描写人物的外貌时，可以挑拣着写，只描写这个人身上最有特点的地方，让读者一下子记住这个人物。比如在描写哪吒出世的时候，故事中并没有描写他的眼睛、嘴巴、耳朵等特征，而是说"一个小娃娃从里面跳出来，他肚子上围着混天绫，右手上戴着乾坤圈，一落地就到处跑……"

一般小孩出生时浑身光溜溜的，并且不会走也不会跳。但哪吒一出生就会走会跳，肚子上围着红绸子，手上还有一只金镯子。短短的几句话，就写出了哪吒的与众不同。这就是抓住了人物身上最显著的特征。

请按照以上方法，描写夜叉的外貌特征。

_____

_____

_____

_____

参考答案

夜叉铁青的面孔上长着一口獠牙，衬得他脑袋上火红色的头发分外亮眼。他手里提着一柄大斧，大大的嘴巴里长着又尖又长的獠牙让他看起来十分凶狠。

第七回

莲花化身显神威

东海龙王怒闯陈塘关

哪吒只是到东海的入海口洗澡乘凉，没想到却把龙宫搅得天翻地覆，还打死了夜叉和东海龙王的三太子，连三太子的龙筋都被他抽出来了。东海龙王知道后，痛彻心扉："李靖，我与你好歹也有一拜之交，哪里得罪了你，竟然纵容儿子打死我的三太子！"他愤怒地大吼一声，整个东海都跟着震动起来。"打死还不算，竟然连筋都抽去，我定要让他血债血偿。"

说完，东海龙王变成一个秀才的模样，来到李靖家门前，气势汹汹地对守门的官兵说："快去禀报李靖，就说敖光要见他。"

听说东海龙王来了，李靖非常高兴："许久没与龙兄见面了，真是太好了。"他换了身衣服，恭敬地把东海龙王迎进了大厅。

李靖得知事情真相

"兄长，今天怎么有工夫来我这陈塘关了？"李靖笑容满面地寒暄着。不料，东海龙王猛地一拍桌子，大声骂道："好啊，李靖！

你纵容儿子杀死了我的三太子，竟然还笑得出来！"

"兄长是不是弄错了，我的大儿子和二儿子都在山上学艺呢，身边只有一个小儿子名叫哪吒，今年只有七岁，哪有本事杀死三太子啊！"

听见"哪吒"两个字，东海龙王立刻暴跳如雷地吼道："就是他——哪吒！他不但把我的三太子打死，还抽了他的龙筋。"

"兄长息怒，我去把哪吒找来，当面问问。"李靖来到后院，大声呼唤哪吒，但没人应答。李靖径直来到海棠轩，看见门关着。他在门外叫了两声，哪吒听见了，赶忙过来开门。

"我的儿，你在这里干什么？"李靖的声音平静得有些吓人。

哪吒把龙筋放在桌子上，低着头说："今天天热，孩儿去东海边洗澡，夜叉和龙王三太子都跑来欺负孩儿，孩儿只是还手，没想到他们太不经打，三两下就死了。孩儿看小龙漂亮，把他身上的龙筋抽下来，想做成腰带送给父亲。"李靖脑袋轰的一声，脚下差点没站稳，半天才缓过一口气来，说："你闯下大祸了！东海龙王与我有一拜之交，是我的兄长，他现在上门讨要说法来了。"

哪吒回道："孩儿并不知道他是父亲的兄长。不知者无罪，父亲放心，孩儿现在就去说清楚，道个歉，把龙筋还他就是了。"

哪吒向师父求救

"闭嘴！你小小年纪就敢杀人，还敢强词夺理，跟我来！"李靖气得浑身发抖，急拽着哪吒来到东海龙王面前，愧不敢言。

哪吒却是一脸不怕，上前将龙筋双手奉上，说："伯父，小侄不知您与父亲是故交，一时失手，还请恕罪。三太子的龙筋在此，原封不动还给您。"

东海龙王看到龙筋，想起三太子，再看看生龙活虎的哪吒，更加悲愤了。"李靖，现在哪吒自己都承认杀了三太子和夜叉，我明天就上天庭到玉帝面前告状，让你们全家给他们偿命。"说完，东海龙王一甩袖子消失不见了。

殷夫人知道后，连忙冲进屋子里，和李靖抱头痛哭。哪吒含着眼泪说："父亲，母亲，一人做事一人当，哪吒绝不连累你们。孩儿现在就去金光洞找师父，他一定有办法。"

哪吒用太乙真人教的土遁（dùn）术，抓起一把土撒向空中，眨眼间就来到金光洞中。他把事情的来龙去脉告诉太乙真人，太乙真人心想：敖光虽然是东海龙王，兴风造雨，但是把这件事上告到天庭，确实有些小题大做了。于是他在哪吒胸前画了一道隐身符，教他到天宫的入口宝德门去阻止东海龙王告状。

哪吒斗龙王

哪吒隐身来到宝德门，不一会儿他看见东海龙王来了，便绕到他身后，用乾坤圈照着他的后背打了一下，东海龙王扑通一声摔了

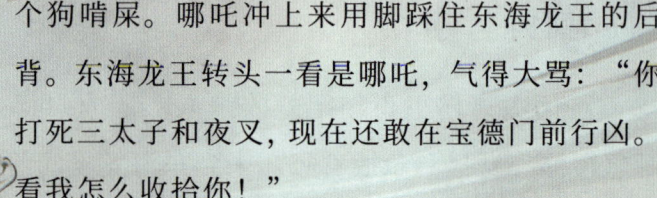

个狗啃屎。哪吒冲上来用脚踩住东海龙王的后背。东海龙王转头一看是哪吒，气得大骂："你打死三太子和夜叉，现在还敢在宝德门前行凶。看我怎么收拾你！"

哪吒才不怕他，想再用乾坤圈打他，又想起师父太乙真人叮嘱过，不能伤害东海龙王的性命。于是抡起拳头在龙王身上一连打了一二十下，打得东海龙王直叫唤。没办法，他只能忍气吞声，答应不再告状，变成一条小蛇跟着哪吒来到陈塘关。

可一看见李靖，东海龙王立刻化成人形，瞪着血红的眼睛怒吼道："李靖，你纵子行凶，我要召集四海龙王，到灵霄殿申明冤情，你们一个也跑不了。"

哪吒变成莲花化身

东海龙王说完，化成一阵清风消失不见了。哪吒来到太乙真人面前，哭诉道："徒儿犯下大错，甘愿受罚，但父母是无辜的，请师父救救我的父母。"太乙真人在哪吒耳边说了几句悄悄话，让他急忙赶回陈塘关。

陈塘关现在正乌云密布，电闪雷鸣，四海龙王愤怒地吼叫着，把李靖和殷夫人团团围住。哪吒看着被吓坏的父母，握紧拳头，对四海龙王说："你们不要为难别人，我给三太子偿命。"说完，哪吒拿起剑结束了自己的生命。四海龙王见哪吒偿命，也佩服他的勇气，便不再为难李靖夫妇和陈塘关百姓，收起云雨，回了龙宫。

哪吒就这样死了吗？当然不会！他可是灵珠子转世！不过，也多亏了他的师父太乙真人，他用荷叶和莲花拼成一个人的形状，把哪吒的魂魄放在其中，念了几句咒语，哪吒便睁开眼睛活了过来。他比原来更高更大了，更神奇的是，他现在已经不是肉体凡胎，而是莲花化身了。除了原先的混天绫、乾坤圈，太乙真人又送给哪吒一块金砖、一把火尖枪和一对风火轮，所有宝贝往豹皮囊里一装，哪吒的本领比以前更高强了。

中国传统文化中的龙

在中国的神话故事和民间传说中，龙都是非常重要的角色之一。中国人自古以来就崇拜龙，但龙并不是真实存在的，而是人们幻想出来的。古时候，人们认为龙能呼风唤雨，本领非常大。因此，人们崇拜龙，把龙看作是吉祥、喜庆、腾飞、进取的象征。古代的帝王把自己称为真龙天子，称自己是天上的真龙下凡，穿龙袍、坐龙椅，借助龙的形象彰显自己的威严，龙也就成了皇权象征。

美丽的莲花

莲花，就是荷花，又叫菡（hàn）萏（dàn）、水芙蓉、水宫仙子等。莲花是从池塘底下，厚厚的淤泥中生长出来的，但不论是花朵，还是茎秆、荷叶，都十分清洁干净，让人赏心悦目。因此，人们把莲花看作高贵圣洁的象征，古代文人墨客都十分钟爱莲花。古诗中有许多描写和歌颂莲花的诗文，比如"荷叶罗裙一色裁，芙蓉向脸两边开""惟有绿荷红菡萏，卷舒开合任天真""出淤泥而不染，濯（zhuó）清涟而不妖"等。

龙和蛇有什么关系？

在《莲花化身显神威》这个故事中，东海龙王被哪吒降服后变成了一条蛇。而在我们的生活中，属蛇的人一般不说自己属蛇，而说自己属"小龙"。那么，龙和蛇之间到底有什么关系呢？

其实，从外形上可以看出，龙和蛇十分相似。蛇是现实中真实存在的动物，它们生活在阴暗的地方，很少出来，而蛇出来的时候总是让人心生恐惧，有毒的蛇甚至能伤人性命。总之，蛇总是给人一种神秘莫测的感觉。因此古时候的人们非常崇拜蛇，并在蛇的基础上展开想象，给它添上角和脚，让它浑身长满坚硬的鳞片，赋予它翻云覆雨、腾云驾雾的本领，创造出一种让人敬畏的神兽——龙。虽然这都是人们想象出来的，但不可否认，龙在中国人民的心目中一直都有着至高无上的地位，是神圣的、有灵性的，所以属蛇的人喜欢说自己属"小龙"。

你知道吗？

在神话传说中，东海龙王是龙王之首，他和西海龙王、南海龙王、北海龙王共同掌管着天下的海洋以及人间的降雨。东海龙王名叫敖广，南海龙王名叫敖钦，西海龙王名叫敖闰，北海龙王名叫敖顺。不过在《封神演义》中，东海龙王的名字是敖光。

互动小课堂

1. 请为加点的字选择正确的读音。

乘凉（shèng chéng）   应答（yīng yìng）

模样（mú mó）   兴风造雨（xīng xìng）

2. "血债血偿"中第一个"血"字的读音是 _____，
第二个"血"字的读音是 _____。

3. 哪吒为了挽救陈塘关的百姓献出了自己的生命，说明他是一
个什么样的人？

_____

_____

4. 哪吒在宝德门使用暴力手段，阻止东海龙王告状。你觉得哪
吒的做法正确吗？如果是你，你会怎么做？

_____

_____

5. 哪吒在海中洗澡，把龙宫搅得天翻地覆，其中的"天翻地
覆"是一个成语。 在汉语中，含有"天"和"地"的四字词语非
常多，请快速地读读下面这些成语，然后在纸上默写，看看自己能
记住几个。

翻天覆地   天昏地暗   天长地久

天罗地网   顶天立地   欢天喜地

惊天动地   冰天雪地   改天换地

天高地厚   天崩地裂   上天入地

互动小课堂

参考答案

1. chéng，yìng，mú，xīng

2. xuè，xiě

3. 哪吒闯了祸，敢于承担后果，说明他是一个敢做敢当的人。

4. 我不赞成哪吒使用暴力手段让东海龙王屈服，如果是我，我会尽量说服龙王，并真诚地向他道歉，求得他的原谅。

5. 略

第八回

姜子牙火烧琵琶精

姜子牙下山

　　亲爱的读者，你们有没有发现，直到现在，《封神演义》中的男主角都还没出现！别着急，接下来，男主角就要闪亮登场了。他姓姜，名尚，字子牙，还有一个响当当的别号——飞熊。姜子牙是昆仑山玉虚宫元始天尊的弟子，一直勤勤恳恳地修行。有一天，元始天尊把姜子牙叫到跟前说："你从三十二岁便拜我为师，如今已经七十二岁了，依然没有成仙。看来你确实没有做神仙的命，不如下山辅佐明主，讨伐纣王，代我完成封神的大业。到时你可以封侯拜将，在人间享受富贵荣华。"

　　姜子牙听从师傅的吩咐下山了。可是，元始天尊并没有告诉姜子牙谁才是明主，姜子牙也没有亲人，只能先去朝歌城外的宋家庄投靠结义兄弟宋异人。

姜子牙算命

宋异人非常热情地接待了他，还耐心地教他做生意。可姜子牙在昆仑山上待了四十年，根本不懂做生意的门道，干啥啥不行。

姜子牙仔细一琢磨，发现自己除了算命什么都不会，便开了一家算命馆。算命馆开业四五个月，一直冷冷清清的，没有人上门。这天，姜子牙无聊地趴在桌子上打瞌睡，一个年轻人背着一担柴走进来，拍着桌子嚷嚷："给我算一卦，算准了我给你二十文，算不准就打得你满地找牙，还得把算命馆关了。"说完抽了一支签，递给姜子牙。姜子牙看了看他，又看了看签文，说："你一直往南走，会看到一棵大柳树下站着一个老汉，从他那里你能挣到一百二十文钱，他还会赏给你四个点心、两碗酒。"

年轻人挑着柴往南走，果然在大柳树下遇着一个老汉。老汉问："你这柴卖多少钱？""一百文。"年轻人不想让姜子牙的卦应验，故意少说了二十文。老汉请他把柴背到家里，给了他一百文，又多加了二十文，接着，一个小孩捧着四个点心和两碗酒给他吃。原来，老汉的儿子今天成亲，老汉多给他二十文，当作喜钱，赏他那四个点心和两碗酒也是想让他沾沾喜气。

琵琶精试探姜子牙

姜子牙的卦应验了，并且算得一点儿也不差。从此姜子牙的名声大振，每天来算卦的人都排到了门外。

这天，姜子牙正在给人算命。一个女人穿着孝服走进来吵着要算命。她可不是普通的女人，而是妲己的好姐妹玉石琵琶精。玉石琵琶精去看望妲己，刚从宫里出来，看见姜子牙的算命馆生意十分红火，就变成一个女人，想试探一下姜子牙是不是真的算得很准。姜子牙一眼就看出她是妖精，故意说："把右手伸出来，我先给你看看手相。"琵琶精伸出右手，姜子牙一把抓住她的手腕，也不说话，

两眼紧紧盯着她不放。琵琶精暗道不妙，娇滴滴地说："我是一介女流，先生为何抓着我的手却一直不说话？还不快放开！"

姜子牙也不答话，突然拿起手边的砚台，啪的一下把琵琶精打死了。他怕琵琶精变身逃走，就死死地抓住她的手腕不放。来算卦的人不知道怎么回事，乱糟糟地喊道："打死人了！打死人了！"亚相比干恰好从这里路过，人们赶紧上前禀报说："算命的打死人了。"比干见姜子牙死死拖住一个满头鲜血的女人，怒斥道："青天白日，我看你偌大年纪，竟敢当街行凶！"

姜子牙火烧琵琶精

"她不是人，是妖精。"姜子牙的话一出口，围观的人们七嘴八舌地说："好端端的一个妇人，怎么会是妖精呢？明明是他打死了人，故意在抵赖。"

他们公说公有理，婆说婆有理，比干拿不定主意，就让姜子牙带着那个女人在午门外等候，自己去禀报纣王。妲己听见比干的话，猜出姜子牙打死的是玉石琵琶精，心里说："这个傻妹妹呀，不老老实实地回洞府，去招惹姜子牙干什么。"她咽不下这口气，要为琵琶精报仇，便对纣王说："大王，光听丞相说，很难判断出姜子牙打死的是人还是妖，不如让姜子牙把人带到摘星楼，咱们亲眼看看。"

不一会儿，姜子牙拖着女人来到摘星楼。纣王端详着那个女人，摇着头感叹道："这怎么会是妖精呢？明明是个有血有肉的女人。"

"大王别急，"姜子牙说，"请让人准备一些木柴，我要用火让她现出原形。"

纣王命人准备好木柴，姜子牙在女人的前胸后背各贴上一道符，把她拖到柴堆上，默念咒语，木柴轰的一下燃烧起来。

琵琶精现原形

可噼里啪啦烧了两个时辰，木柴添了一次又一次，那个女人依然完好如初，就连她身上的衣服，都没有一丁点儿损伤。纣王就和比干说："都已经烧了两个时辰了，这个女人还好好的，果然是妖。"比干说："姜子牙果然是个高人，就是不知道这是个什么怪物变化来的。"姜子牙心想，这容易啊，便改用三昧真火烧玉石琵琶精。

三昧真火是神火，是用精、气、神炼成的。玉石琵琶精很快就招架不住了，在火光中爬起来，大声呼喊："姜子牙，我和你无冤无仇，为什么用三昧真火来烧我？"姜子牙抬起手臂，从天上引下一道

霹雳，只听咔嚓一声巨响，火灭了，火堆上的女人变成了一把玉石做的琵琶。

纣王非常高兴，封姜子牙为下大夫。姜子牙穿着官服回到宋家庄，大家都为他感到高兴。落魄了这么长时间，姜子牙终于可以扬眉吐气了。

姜子牙

历史上真的有姜子牙这个人，他出生于商朝末年，曾经在商朝做官，但因为看不惯纣王的所作所为辞官了。后来，他遇到了贤能的周文王，被周文王的真诚和仁义打动，于是出山辅佐周文王。周文王去世后，姜子牙帮助姬发讨伐纣王，建立西周，是西周的开国元勋。

虽然真正的姜子牙不会仙术，但他确实是一位德才兼备的政治家和军事家。他一生辅佐过周朝的四个帝王，在周朝的历史上具有非常重要的地位。

和姜子牙有关的歇后语

歇后语是汉语中非常独特的一种语言形式，由前后两部分组成，前半部分是"引子"，后半部分是一个出人意料的结论。现在我们来读一读和姜子牙有关的歇后语吧！

姜太公钓鱼——愿者上钩

姜子牙算命——好准呀

姜太公卖白面——折了本

姜太公开饭馆——鬼都不上门

姜太公在此——诸神退位

有趣的汉字 —— 侯

我们都知道，"侯"是古代的一个官职名称。那么，这个官职名称是怎样来的呢？这要从古代盛行的活动——射箭说起。

古时候人们射箭的时候，把一块布或者兽皮固定在前方做靶子。这个靶子就叫"侯"，上面通常画有表示等级的动物图案，于是射箭又叫作射侯。而古人认为能射中侯的人力气大，非常勇猛，可以保护本族的民众。所以，人们经常通过射侯选拔人才。慢慢地"侯"就变成了一种官职名称。

而古时候诸侯王分封土地的时候，也会用射箭的方式确定封地范围。他们先确定封地的中心，然后手拿弓箭，朝东、南、西、北四个方向各射出一箭，箭落在哪里，哪里就是封地的边缘。

姜子牙和筷子

传说姜子牙下山以后，生活过得十分落魄，因此妻子对他非常不满。有一天，妻子做了一桌饭菜，姜子牙刚要伸手抓肉吃，一只小鸟飞过来啄他的手背。他不理会小鸟，继续用手去抓肉，小鸟又在他手背上啄起来。姜子牙忽然明白，小鸟是在故意阻止他吃肉。可是，小鸟为什么要这么做呢？姜子牙正在纳闷，小鸟冲着姜子牙叫了两声，转身飞走了。姜子牙觉得很奇怪，便追了出去。小鸟落在一根树枝上说："不要用手抓肉，用我脚下的树枝去夹肉吃吧。"姜子牙拿着树枝回到家，不料，树枝一碰到肉就冒出一股白烟。姜子牙大吃一惊，这才知道妻子不愿意跟着他过穷困潦倒的生活，为了能够离开他另嫁他人，起了坏心眼，在饭菜中下了毒。

从那以后，姜子牙每次吃饭，都是用小鸟送给他的树枝检验是否有毒。后来人们觉得用树枝夹菜既安全又卫生，便纷纷模仿姜子牙，而他们使用的树枝也有了新名字——筷子。

你知道吗？

琵琶是我国的传统乐器，已经有两千多年的历史了。"琵"和"琶"这两个字，代表的是右手弹奏琵琶的手法，"琵"是向前拨动琴弦，"琶"是向后拨动琴弦。右手前后拨动，再配合左手的动作，就能弹奏出优美动听的音乐了。

1.根据上下文意思，写出下列词语的意思。

公说公有理，婆说婆有理 _____。

扬眉吐气 _____。

2.根据拼音，写出正确的汉字，把词语补充完整。

琵琶精现出了原 xíng_____。

李老汉是这部电影中的原 xíng_____ 人物。

3.玉石琵琶精没有老老实实地回自己的洞府，偏要试探姜子牙的本领，结果害得自己丢掉了性命。玉石琵琶精的做法可以用哪个成语形容？

A. 祸从天降　　　B. 咎由自取　　　C. 自取其辱

4.年轻人的柴卖了多少钱？

5. 你知道古时候人们所说的两个时辰，相当于现在的多长时间吗？

_____

_____

6.姜子牙做生意，干啥啥不行，开算命馆却生意红火，名声大振。他的故事告诉我们一个什么道理？

_____

_____

互动小课堂

参考答案

1. 发生争执的双方，各说各的道理

   形容摆脱长期的压抑之后，心情舒畅的样子

2. 形、型

3. B

4. 卖了 100 文，另加 20 文赏钱和四个点心、两碗酒。

5. 四个小时

6. 做自己擅长的事，更容易获得成功。

第九回

伯邑考献宝救父

姜子牙离开朝歌

姜子牙一把火烧得玉石琵琶精现出原形，把妲己心疼坏了。她把玉石琵琶放在摘星楼上，希望它能借助天地之间的灵气，再次成精。这件事让她对姜子牙恨之入骨。这天，妲己设计了一座富丽堂皇的鹿台，点名要让姜子牙负责修建。因为这项工程十分浩大，劳民又伤财。如果姜子牙答应修建，就会被人们唾骂。如果他拒绝，就是违抗纣王的命令，会被处死。

妲己的算盘打得天衣无缝，但姜子牙没有考虑自己，他看着鹿台的图纸，心里想的是受苦的百姓。"大王，"他意味深长地说，"百姓们吃不饱穿不暖，生活在水深火热之中。这个时候建造鹿台，定会失去民心，希望大王收回成命，把钱财用在百姓们身上。"纣王听完勃然大怒，要把姜子牙抓起来，姜子牙利用仙术逃跑了。

纣王设置酷刑、建造酒池肉林，现在又不顾百姓的死活，坚持修建鹿台。姜子牙觉得纣王太昏庸无道了，决定离开朝歌。他常听百姓们称赞西岐是一个好地方，便满怀期待地来到西岐。

伯邑考拜见比干

西岐的朝政清明，百姓安居乐业，和朝歌完全是两个天地。西伯侯姬昌被囚在羑里，整整七年了还没有被放回来，现在西岐主持大局的是姬昌的大儿子伯邑考。伯邑考年轻有为、英俊潇洒，并且十分孝顺，自从姬昌被囚以后，他每天都在担心忧虑。眼看着父亲被囚将近七年，依然杳无音信，伯邑考心急如焚，不顾家人和大臣的反对，带着三件宝贝来到朝歌替父赎罪，希望能讨纣王的欢心，让父亲回家。

伯邑考到了朝歌以后，站在午门外等候亚相比干经过，好上前拜见。比干知道伯邑考的来意后说："你带来的是什么宝贝？纣王现在是铁石心肠，一般的东西打动不了他。"

"我带来的是七香车、醒酒毡和白面猿猴，"伯邑考恭敬地说，"七香车不用驾驶，坐在上面，想让它往哪边走，它就往哪边走；醒酒毡可以让喝得酩（mǐng）酊（dǐng）大醉的人瞬间醒酒；白面猿猴能听懂音乐，会唱歌，会跳舞。"

伯邑考献宝弹琴

　　这三件宝贝真稀奇，比干认为纣王一定会喜欢。于是，他带着伯邑考来到摘星楼。伯邑考献出三件宝贝，请求纣王放了自己的父亲。纣王被他的孝心和诚心打动，让他平身。这时，躲在帘子后面的妲己看见了风度翩翩的伯邑考，一下子就被他深深吸引了。

　　妲己从帘子后面走过来，眼睛直勾勾地盯着伯邑考，娇滴滴地对纣王说："听说伯邑考的琴技是天下一绝，大王，先让伯邑考给咱们弹奏一曲助助兴吧。"

　　纣王说："伯邑考，听见了吗？王后要听你弹琴。"

　　伯邑考心里惦记着父亲，没有心思弹琴，便拒绝了。但纣王却承诺道："伯邑考，如果你弹得好，本王就放你和你父亲回西岐。"伯邑考喜出望外，马上弹奏了一首曲子。

白面猿猴惹祸端

天啊！伯邑考的琴技实在太绝妙了，听到琴声的每一个人都被深深地迷住了。妲己对纣王说："大王，伯邑考走了，您就听不到这么动听的琴声了。让伯邑考教我弹琴吧，等我学会了，天天弹给大王听。"纣王听了十分开心，便让伯邑考留在了宫里。

可是，妲己哪有心思学琴啊！她是看伯邑考长得帅气又有才华，想要吸取他身上的阳气。伯邑考是个正人君子，根本不让妲己靠近，妲己很生气，便想出一个馊主意。她对纣王说："大王，咱们还没见识过白面猿猴的本领呢，让伯邑考给咱们展示一下吧。"

于是，伯邑考放出白面猿猴。噌噌噌，白面猿猴灵巧地跳到一根柱子上，向着天空放声歌唱。它的歌声空灵婉转，所有人都听得如痴如醉，妲己更是陶醉得连狐狸尾巴都不小心露了出来，白面猿猴看见了，尖叫着扑向妲己，纣王眼疾手快，一拳把白面猿猴打死了。

　　姐己装出一副害怕的模样向纣王哭诉："伯邑考明面上进贡白猿献歌，其实暗中想要行刺大王。"纣王铁青着脸下令："来人呐，把伯邑考扔进虿（chài）盆！"

伯邑考遇害

　　虿盆是姐己发明的一种酷刑，就是把成千上万条毒蛇放进一个大坑中。把人扔进虿盆，已经是非常残酷的刑罚了，但姐己觉得这样惩罚伯邑考还不解恨，便怂恿纣王把伯邑考剁成肉酱，做成肉饼送给姬昌吃。姬昌擅长占卜，当使臣拿着肉饼出现在他面前的时候，他早就已经知道事情的来龙去脉了。但如果他不吃肉饼，就会被安上一个不忠不义的罪名被杀掉。为了活下去，他只能把眼泪咽进肚子里，装出一副感激的样子，吃下了三块肉饼。纣王知道以后哈哈大笑："人人都说姬昌是个圣人，哪有圣人吃自己儿子的肉的？我看他就是一个没用的老头。"

　　纣王想要放了姬昌，但费仲和尤浑想趁机大捞一笔，便横加阻拦。后来，西岐那边给费仲和尤浑送了很多奇珍异宝，他们才对纣王说："大王，据我们暗中调查，姬昌被囚七年，对您毫无怨言，一直忠心耿耿。东伯侯姜桓楚和南伯侯鄂崇禹死后，他们的儿子都起兵造反了，大王可以给姬昌加官晋爵，让他回西岐带军队征讨叛军。姬昌在诸侯中的威望非常高，那些叛军遇上他，说不定都不战自退了。"纣王一想，不费自己一兵一卒，就能击退叛军，太划算了，于是下旨把姬昌放了，还给他加官晋爵。

伯邑考姓什么？

周文王姬昌姓姬，他的二儿子周武王名叫姬发，也姓姬。但是姬昌的大儿子名叫伯邑考，他到底姓什么呢？

其实，伯邑考姓姬，名考。而伯邑考三个字中的"伯"代表他在兄弟中排行老大，因为古时候的兄弟排行依次是伯、仲、叔、季。"邑"字有人认为代表世子的身份，有人认为是封地的意思。因此，人们听到伯邑考这个名字，就知道他是西伯侯姬昌的大儿子，西岐未来的接班人，身份十分尊贵。

知音

我们把与自己志同道合的朋友称为"知音"，"知音"这个词来源于一个非常感人的故事。

春秋时期有一个著名的琴师名叫俞伯牙，他擅长弹奏七弦琴，并且技艺十分精妙。人们都很喜欢听俞伯牙弹琴，可是却没有一个人能真正听懂他的琴声，俞伯牙为此感到痛苦万分。有一天，俞伯牙在汉江边弹琴的时候，钟子期被吸引了过来。当俞伯牙心中想着高山，弹奏出高昂厚重的曲调时，钟子期感叹道："巍峨的高山，让人无限敬仰！"当俞伯牙心中想着流水，弹奏出婉转轻快的曲调时，钟子期感叹道："潺潺的流水，连绵不绝啊！"俞伯牙大吃一惊，目不转睛地打量着钟子期说："你能听懂我的琴声？"钟子期点点头说："我不会弹琴，但我能听懂先生琴声中的韵味。"

俞伯牙非常开心，和钟子期成了好朋友。他们经常一个弹琴，另一个在旁边静静地欣赏。每次俞伯牙弹琴的时候，钟子期都能准确地听出他内心的声音。俞伯牙高兴的时候，钟子期能从琴声中听出他的快乐。俞伯牙伤心的时候，钟子期能从他的琴声中听出悲切。俞伯牙在心中情不自禁地感叹：能找到一个真正懂自己的知音是件多么幸福的事啊！

钟子期去世以后，俞伯牙悲痛地说："钟子期死了，天底下再也没有能听懂我琴声的人了。"于是，他把陪伴自己多年的琴摔得粉碎，从此以后再也不弹琴了。后来人们便用"知音"来形容朋友之间的友谊。

你知道吗？

伯邑考是周文王的嫡长子。古时候，子女有嫡庶之分。正妻也就是结发妻子，她生的孩子是嫡，姬妾生的子女是庶。嫡长子就是正妻生的第一个儿子，身份十分尊贵，家族的产业和地位也由嫡长子来继承。

1.为下列多音字组词。

缝　fèng＿＿＿＿＿＿　　横　hèng＿＿＿＿＿＿

　　 féng＿＿＿＿＿＿　　　　héng＿＿＿＿＿＿

2.找出下列句子中的错别字，在横线上改正。

这项工程十分皓大，劳民又伤财。

＿＿＿＿＿＿＿＿＿＿＿＿＿＿＿＿＿＿＿＿＿＿

纣王听完渤然大怒，要把姜子牙抓起来。

＿＿＿＿＿＿＿＿＿＿＿＿＿＿＿＿＿＿＿＿＿＿

3.妲己让姜子牙负责修建鹿台的目的是什么？

4.把一个简单的句子，加入适当的修饰词进行扩写，可以让句子变得更加丰富生动。比如故事中描写白面猿猴唱歌的片段，简单一句话应该是"白面猿猴唱歌"，而加入修饰词变成了"白面猿猴灵巧地跳到一根柱子上，向着天空放声歌唱"。请你给下面的句子进行扩写。

（1）鸡吃米。

＿＿＿＿＿＿＿＿＿＿＿＿＿＿＿＿＿＿＿＿＿＿

（2）老师批改作业。

＿＿＿＿＿＿＿＿＿＿＿＿＿＿＿＿＿＿＿＿＿＿

互动小课堂

参考答案

1. 裂缝，缝纫；专横，横行霸道（答案不唯一）

2. "皓"改为"浩"；"渤"改为"勃"

3. 为了除掉姜子牙，为玉石琵琶精报仇。

4. （1）一群毛茸茸的小鸡正在啄地上的小米，叽叽喳喳好不热闹。

（2）夜深了，头发花白的王老师仍然在台灯下批改作业，时而皱眉，时而露出欣慰的表情。

第十回

姬昌逃回西岐

姬昌逃出朝歌

纣王想让姬昌回西岐带军队去征讨叛军，于是给姬昌加官晋爵，还命他夸官三天。姬昌要骑着高头大马，游走在朝歌城的街头，接受百姓和官员们整整三天的祝贺。这期间，姬昌暂时住在驿馆中，准备三天的夸官结束以后立即返回西岐。但第二天傍晚，武成王黄飞虎却对姬昌说："大王反复无常，他虽然答应会放了你，说不定明天又会改变主意。你赶快逃回西岐吧，免得夜长梦多。"

姬昌恍然大悟，可没有纣王的命令，他出不了五关。黄飞虎又把自己的铜符令箭送给姬昌，有了铜符令箭，就能顺利出关了。姬昌千恩万谢，脱下官服，换上一身便装出城了。

第二天，驿馆官吏发现姬昌一夜未归，担心事情有变，立即去给费仲和尤浑通风报信。

雷震子救父

费仲和尤浑惊出一身冷汗。因为姬昌是他们举荐的，姬昌逃跑了，他们俩也脱不了干系。两个人连滚带爬地来到摘星楼，对纣王说："大王，真是知人知面不知心啊！您对姬昌大恩大德，他不但不感激，还偷偷逃走了。""啊？！"纣王大吃一惊，"来人啊，传我的旨意，命殷破败和雷开立刻率兵追赶姬昌。"

在临潼关前，殷破败和雷开带着士兵眼看就要追上姬昌了，姬昌急得团团转，忍不住仰天大叫："老天爷，这是要灭我姬昌吗？"

忽然，一个声音从天上传来："父亲不要着急，我来对付他们。"

说话间，一只大鸟从天而降，落在姬昌身后，冲着追兵大喊一声："哒！想要抓我父亲，先偿偿我的厉害。"他把手中的黄金棍照着一座山头扔过去，山头立刻变成碎块纷纷滚落下来。殷破败和雷开吓得目瞪口呆，赶紧脚底抹油，带着士兵逃走了。

那只大鸟转过身，姬昌吓了一跳。原来这不是一只鸟，而是一个人，但他长着一对巨大的翅膀，面如蓝靛，发似朱砂，巨口獠牙，眼如铜铃，看起来十分吓人。

父子相认

"你是谁？为什么喊我父亲？"姬昌纳闷地问。

"我是您的儿子雷震子啊，"雷震子提醒道，"七年前您在赶往朝歌的路上收我做您第一百个儿子，拜在云中子门下为徒，您不记得了吗？"

"记得，"姬昌打量着雷震子摇摇头，"但七年前我救的是一个小婴儿，算起来他应该只有七岁，而你看上去……一点儿也不像。"

雷震子耐心地解释道："今早在下山之前，我确实还是一个七岁的男孩。师父算出父亲有难，让我去挑选一件趁手的兵器，赶往临潼关解救父亲。我寻兵器时，被一股奇异的香味吸引着吃了两个大红杏，谁知竟长出翅膀，变成了这副模样。不过，虽然现在这样看起来有点儿怪，但幸亏长出了翅膀，我才能赶过来救父亲啊！"

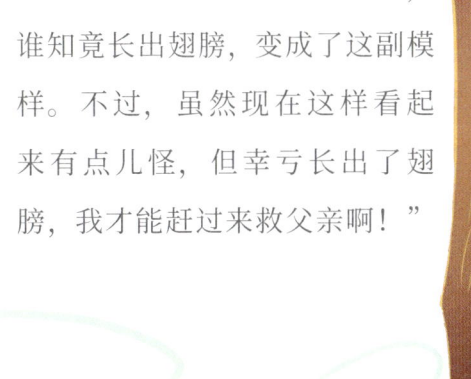

原来真是自己七年前所收的儿子，姬昌激动地抓住雷震子的手说："儿啊，为了救我，你受苦了。"

雷震子拜别姬昌

"父亲不要客气，快到我背上来，我背你过五关。"雷震子蹲下身子，让姬昌爬到他的背上，然后他忽闪着翅膀冲上云霄。姬昌闭上双眼，只听到风声在耳边呼呼作响，不一会儿，雷震子轻轻地把姬昌放到地上说："父亲，五关已过。"姬昌睁开双眼，果然已经身在五关之外，高兴极了："今天能回到故土，全靠孩儿你了！"雷震子向姬昌行礼道："临行前师父交代，让我把您送出五关以后即刻返回。剩下的路要您自己走了，您多保重。"

"这么快就要分别了吗？"姬昌非常不舍。雷震子安慰他："等我学好本领以后，一定会再来协助父亲，到时候就可以一家团聚了。父亲，我走了。"雷震子跪在地上，给姬昌磕了个头，拍拍翅膀飞走了。

姬昌知道师命难违，忍下心中的不舍，朝西岐的方向走去。七年没有见过亲人和西岐的父老乡亲了，姬昌恨不得立刻飞回去。他日夜不停地赶路，历尽艰辛终于回到了西岐。

姬昌吐子

远远地，姬昌就看见了几张熟悉的面孔。原来，姬昌的母亲太姜推算出姬昌已经到达西岐，于是派遣姬发率领诸位世子百官，前去郊外迎接。姬昌见到亲人故旧，激动得老泪纵横。

西岐立刻沸腾起来了。

百姓们全都涌到街上，夹道欢呼，家家焚香结彩，吹曲奏乐，

欢迎姬昌回来。

姬昌看着一张张亲切的笑脸，想起了伯邑考，胸口忽然一阵憋疼，胃里翻江倒海，好像有什么东西要从肚子里冲出来。"痛杀我也！"姬昌大叫一声，从马车上跌了下来。众人赶紧把姬昌扶起来，突然，姬昌哇的一声呕吐起来。他吐出的不是别的，正是之前吃下去的肉饼。那肉饼完好无损，骨碌碌往地上一滚，变成三只小白兔，盯着姬昌看了一会儿，往西跑了。那三只小白兔，就是伯邑考的化身。姬昌隐忍了这么长时间，终于吐出了自己的儿子，心里虽然悲痛万分，但压在内心的石头总算消失了。

五关指的是哪五关?

成语"过五关,斩六将"比喻一个人克服种种困难,终于取得胜利。那么,"五关"究竟指的是什么呢?

古时候,重要的交通要道上或者险要的地方会设置防守的关卡,这就是"关"。在不同的历史朝代,关卡的位置不一样,名称自然也不一样。而在文学作品中,五关所指的地点也不相同。比如《封神演义》中的五关,指"潼关""临潼关""穿云关""界牌关""氾(sì)水关"。而在《三国演义》中,五关指"东岭关""洛阳关""氾水关""荥(xíng)阳关""滑州黄河渡口"。成语"过五关,斩六将"就出自关羽勇闯这五关的故事。

特殊的封赏 —— 夸官

古时候,学子考中进士或者官员升官的时候,都会骑着高头大马,喜气洋洋地在街上游行,接受人们的祝贺。这种仪式叫作夸官。夸官的时候,鸣锣开道,还有鼓乐队助兴,十分热闹。姬昌被释放以后,没有立刻返回西岐,而要在朝歌逗留三天,就是因为纣王下旨让他在朝歌夸官三日。

有趣的汉字 —— 尤

"尤"在甲骨文中是这样的：𡧇，这个图形表示的是一只手，但上面却多出了一短横。什么时候手上才会多出一点什么呢？有两种情况：一种是手上长疣（yóu），一种是多长出来一根手指。但不管怎么说，普通的手上多长出了一点东西，总归是不正常的、多余的。由此，尤字引申出了"过错"的含义。而多出来的东西很突出，于是"尤"又有了"突出、特别"的意思。

所以，你知道"尤浑"这个人名的含义了吧！尤浑用花言巧语，哄着纣王干坏事，坑害别人，真的特别犯浑。

周室三母

在《封神演义》中，太姜是姬昌的母亲，擅长卜卦。但在历史上，太姜是姬昌的祖母，周朝先祖古公亶父的正妃。她常常以身作则地教导自己的孩子，培养出来的三个儿子全部都品格高尚。

姬昌的母亲名为太任。太任是中国历史上最早实行胎教的人。她在怀孕的时候严格约束自己的言行，不看歪门邪道的东西，不听淫邪的音乐，不说傲慢无礼的话，不吃气味不正的东西，只做符合道德的事，接触真善美的东西。在她的教育下，姬昌从小便聪明伶俐、善良正直。

周朝还有一位伟大的女性——姬昌的妻子太姒（sì），即周武王的母亲。她仁爱善良、聪明贤淑，深受人们的尊敬和爱戴。因此，太姒与太姜、太任被人们尊称为"周室三母"。

　　姬昌回到西岐后，把吃进去的肉饼吐出来，肉饼变成了兔子而不是别的动物，这是因为"兔"和"吐"的读音相同，因此兔子就是"吐子"。而羑里城附近的百姓们流传着不打兔子的习俗，因为他们认为兔子是伯邑考变化来的。

在刚刚读到的故事中，作者先按照事件发生的时间顺序描写姬昌逃出朝歌被追杀，雷震子出手相助的故事。在雷震子赶走追兵以后，又插入了雷震子变身的故事，之后才继续写姬昌回到西岐的故事。这样的记叙方式叫作插叙。

插叙就是在叙述某一件事情的过程中，为了让情节变得更丰富，或者让人物形象更加立体丰满，暂时中断叙述，插入一个片段或故事，这个片段或故事是和主要情节相关的，通常用回忆的方式出现。

读一读下面这段话，圈出其中插叙的内容。看看如果把插叙去掉以后，文章会有什么样的变化。

在学校门口，我遇见了老同学张宁，差点儿没认出来。记得学生时代的她，爱说爱笑，脸上总是带着灿烂的笑容，好像从来没有烦心事。现在却满脸愁云，不知道这些年在她身上发生了什么。

参考答案

插叙的内容：记得学生时代的她，爱说爱笑，脸上总是带着灿烂的笑容，好像从来没有烦心事。

删除插叙的内容后，文章不完整，而且没有了前后对比，无法让读者体会到"老同学张宁"的变化。

第十一回

姜子牙直钩钓鱼

姬昌飞熊入梦

阔别七年以后，姬昌终于回到了西岐。上大夫散宜生和大将军南宫适劝姬昌起兵造反，为伯邑考报仇。但姬昌认为造反是大逆不道的事，没有同意，他现在最想做的就是振兴西岐。

这天夜里，姬昌梦见火光冲天，一只生有双翅的白额猛虎朝自己扑过来，散宜生说："当年商高宗梦见飞熊，不久便得到了贤臣傅说（yuè）。而长翅膀的老虎，就是飞熊。恭喜侯爷，这是有贤臣要来辅佐您了。"姬昌非常高兴，决定亲自去寻找这位贤臣。

看到"飞熊"两个字你想到了谁？没错，正是姜子牙！姜子牙自从来到西岐以后，就隐居在渭河边，过着逍遥自在的日子。他经常到渭河北岸的磻（pán）溪钓鱼，耐心地等待着赏识自己的明主出现。

有一天，姜子牙正在钓鱼。一个年轻的樵夫用扁担挑着一担柴走过来，他打量着姜子牙，笑着说："老人家，我看你经常在这里钓鱼。我们一个是渔夫，一个是樵夫，凑在一起刚好就是'渔樵问答'。我叫武吉，你叫什么名字？"

姜子牙听了也觉得有趣，就回答道："我姓姜名尚，字子牙，别号飞熊。"

武吉惹上杀身之祸

武吉听见姜子牙的别号，忍不住哈哈大笑："你就是一个钓鱼的老头，竟然给自己起了个这么霸气的名号。"说完，武吉看见姜子牙的鱼钩，笑得更欢了："你这个老头可真奇怪，人家钓鱼都用弯钩，你这鱼钩却直得像一根针，用这个钓鱼，恐怕一百年也钓不上来一条吧！"

姜子牙一点儿也不气恼，慢条斯理地说："我这是宁在直中取，不向曲中求。我钓的不是鱼，而是王侯将相。"

"什么？你竟然还想做王侯？我看你不像王侯，倒像个活猴。"武吉笑得前仰后合。"你看我的面相不像个王侯，我看你的面色也不怎么样，"姜子牙笑笑说道，"你左眼青，右眼红，今天进城会打死人。"

"呸！呸！呸！我跟你开个玩笑，你怎么诅咒起我来了？真晦气！"武吉觉得很无趣，挑着柴往西岐城中走去。

武吉刚走到城门口，正好遇到姬昌摆驾出城，街道一下子变得拥挤狭窄。武吉想换个肩膀挑柴，扁担翻转的时候，尖尖的扁担头狠狠地砸在了一个人的耳门上，那个人顿时应声倒地而死，武吉吓得目瞪口呆，不敢挪动。旁边的人大喊："打死人了！"

姜子牙施法救武吉

人们很快聚拢过来，把武吉所在的道路围了个水泄不通，武吉当场被抓。随从把事情的经过禀报姬昌，姬昌赶着出城，便让人在地上画了一个圈，画地为牢，让武吉站在里面等候发落。

武吉老老实实地在圈中待了三天，想起年迈的老母亲在家无人照顾，忍不住放声大哭。散宜生恰好从这里路过，他对武吉说："杀人偿命是天经地义的事，你哭什么？"武吉说："我不是为自己哭，我是担心家里七十多岁的老母亲。她只有我这么一个儿子，千辛万苦才把我养到这么大。我现在杀人偿命，以后谁来给她养老送终呢？"散宜生把武吉的情况禀告姬昌，姬昌说："武吉是个孝顺的孩子，让他先回家安顿好母亲，再回来接受惩罚吧。"

武吉百感交集地回到家，把事情的经过原原本本地告诉母亲，母子俩抱头痛哭。这时，武吉忽然想起了姜子牙："出事那天我在河

边遇见一个钓鱼的老头，名叫姜子牙。他说我会在城中打死人，我以为他在说笑，没想到竟然真的应验了。"母亲眼前一亮："那个姜子牙未卜先知，肯定是一位高人，你快去求他救命吧。"

武吉找到姜子牙，恳求道："姜老爷，我肉眼凡胎，没看出您是位世外高人。如您所说，我那天真的打死人了。我家里还有七十多岁的老母亲需要照顾，您大人有大量，救救我吧。"

姜子牙说："如果你愿意拜我为师，我就救你一命。"

武吉立刻行礼叫师父，姜子牙让武吉回家，在床前按自己的身形挖一个一人长的深坑，躺在里面。然后让武吉的母亲在他的头和脚的位置各放一盏灯，再往他身上撒上两把米，盖上些乱草。武吉做好准备以后，姜子牙施了一通法。第二天，武吉从坑里出来拜见姜子牙，姜子牙说："没事了。"从此武吉一边砍柴一边跟着姜子牙学本领。

转眼半年过去了，散宜生发现武吉还没回来领罪，担心他逃走了。姬昌卜了一卦，叹着气说："武吉已经跳进万丈深渊自尽了。"

原来姜子牙让武吉所做的一切，就是为了造成他跳渊身亡的假象，帮助他逃过了一劫。

这天，武吉砍柴回来，遇到了来郊外踏青的文王车驾，避无可避，被认出。

姬昌寻访姜子牙

"武吉，"散宜生大喝一声，"你不是已经死了吗？怎么会出现在这里？"武吉赶忙跪下说："是我师父救了我一命。"

"你师父是谁？"散宜生问。

"他姓姜，名尚，字子牙，别号飞熊。"

听见"飞熊"两个字，姬昌和散宜生大吃一惊，散宜生行礼说："恭喜侯爷，'飞熊入梦'马上就要应验了。"

姬昌也非常高兴，立即让武吉带路，去找姜子牙，结果却扑了个空。但姬昌没有放弃，他回到宫里，沐浴斋戒，三天之后带着贵重的礼物重新来到磻溪。果然，姜子牙正在溪边钓鱼呢，听见姬昌他们的脚步声，他故意唱起了歌，歌里唱的正是明主访贤的内容。

姬昌听见了，轻声说："姜先生真快活呀。"姜子牙连忙转身叩拜说："不知侯爷驾到，有失远迎，请侯爷恕罪。"姬昌扶起姜子牙，真诚地邀请他辅佐自己。姜子牙早就从百姓们口中听说过姬昌的贤德，知道他就是自己下山要寻找的明主，又见他对待自己这么真诚，值得自己尽心辅佐和追随，便爽快地答应了。

画地为牢

传说，画地为牢是上古时期的大法官皋（gāo）陶（yáo）发明的。皋陶执法公正，并且身边还有一只又像羊又像麒麟的神兽，名叫獬（xiè）豸（zhì）。獬豸非常有灵性，能够识别罪犯。有一天，皋陶带着獬豸在街上走着，看见一个无赖正在欺负一个女人，便上前制止。那个无赖一看是皋陶，立刻下跪求情。皋陶让獬豸用蹄子在地上画了一个圆圈，对无赖说："你在这个圈里好好地反省三天吧。"那个无赖老老实实地在圆圈里待了三天，之后痛改前非，再也没有干过坏事。獬豸画的那个圆圈，就是最早的监狱。而画地为牢后来演化为一个成语，比喻只许在指定的范围内活动。

为什么长着翅膀的老虎叫飞熊？

在道教的传说中，老虎修炼到一定程度，会长出一双翅膀，长翅膀的老虎就叫飞熊。

而姜子牙的别号"飞熊"，来源于古时候的兵书《六韬》。《六韬》中记载，周文王打猎时，"所获之物，非熊非罴（pí），非虎非貔（pí）"，意思是周文王打猎，收获的不是黑熊，也不是棕熊，不是老虎，也不是貔貅（xiū），而是一个辅佐他的贤臣姜子牙。后来，人们把"非熊非罴，非虎非貔"简化为"非熊"，而人们听见"非熊"的读音，不知道是哪两个字，就错误地以为是"飞熊"。于是，姜子牙就有了"飞熊"的称号。

姬昌和《周易》

姬昌是周朝的奠基者，他勤政爱民，为了西岐的发展壮大兢兢业业，是一位深受百姓爱戴的君主。姬昌还有一项专长，就是卜卦。他卜卦十分灵验，几乎从来没有出过差错。被纣王囚禁在羑里时，姬昌潜心研究卜卦的技能，写出了中国最早的经书《周易》。

《周易》也叫《易经》，是古人的智慧结晶和经验总结，作为我国的传统文化经典之一流传至今，对我国的政治、经济、文化都产生了一定的影响。因此，后人把《周易》与《诗经》《尚书》《礼记》《春秋》合称为"五经"。

凤鸣岐山

《封神演义》中，周朝的发源地西岐境内有一座山，名叫岐山。上古时期，公亶（dǎn）父为了躲避敌人的追杀，带着族人逃到岐山脚下，开垦荒地、发展农业生产，建立了一个新的诸侯国——周。公亶父是文王姬昌的祖父，文王继位以后推行德政，使西岐的百姓安居乐业，引来了凤凰。凤凰是一种神鸟，传说它能给人们带来吉祥。于是人们认为，凤凰在岐山上鸣叫，预示着周朝即将崛起。果然，姬昌去世以后，他的儿子姬发推翻纣王的残暴统治，建立了周朝，让中国的历史进入了一个新的阶段。

古人非常重视梦境，因为他们认为梦能预测吉凶。我国有一部流传几千年的古书《周公解梦》，书中的内容就是用梦境预测吉凶。其中的周公，指的是周文王的儿子，周武王的弟弟周公旦。

姬昌找到姜子牙时，姜子牙唱了一首歌：

西风起兮白云飞，岁已暮兮将焉为？

五凤鸣兮真主现，垂竿钓兮知我稀。

这首歌中的四句话中间，都有一个"兮"字。"兮"是一个文言助词，经常出现在诗歌的句中或者句末，用来调整音节，使音律流畅，还能渲染情绪，增加感情色彩，相当于我们现在的感叹词"啊"或"呀"。读一读下面这首诗歌，体会一下"兮"字在其中的作用，试着把"兮"字去掉再读一读，看看前后有什么变化。

大风歌

汉·刘邦

大风起兮云飞扬，

威加海内兮归故乡，

安得猛士兮守四方！

参考答案

把"兮"字删除以后，读起来比较生硬，没有了之前的韵味。

第十二回

姐己设计害比干

鹿台建成

姬昌苦苦寻找姜子牙并拜他为宰相的事，传到了比干的耳朵里。比干对纣王说："大王，姬昌拜姜子牙为宰相，辅佐自己，看得出他野心勃勃，志向不小。如今，东伯侯和南伯侯的战乱还没有平息，如果西伯侯姬昌再举兵造反，成汤百年基业恐怕再难稳固了。请大王早做打算。"

比干正说着，崇侯虎来了。"大王，鹿台修建完成，请大王亲自验收。"原来，崇侯虎奉命督建鹿台，现在完成任务，来邀功了。

"比干丞相，不要杞人忧天了，随寡人一起去看看这座富丽堂皇的鹿台吧。"纣王和姐己乘坐着七香车，让崇侯虎和比干跟随，一起到鹿台玩赏。

嚯！好一座华丽气派的鹿台呀！

它由汉白玉砌成，高耸入云，不知道有多少层，当中的亭台楼阁数也数不清。大殿之中嵌着几颗硕大的明珠，在夜空中绽放光华。柱子、墙壁和栏杆上都用玛瑙和美玉装饰，流光溢彩，绚丽夺目。奇花异草散发着阵阵沁人心脾的香味，珍禽走兽的吼声在十里之外都听得清清楚楚。纣王看得心花怒放，让人摆下酒宴，要好好庆祝一番。

假神仙鹿台赴宴

宴席上，纣王想起一件事："王后，你不是说在鹿台上能见到神仙吗？神仙在哪儿呢？把他们都请过来吧。"妲己一愣，当初为了让纣王答应修建鹿台，她哄骗纣王说，在鹿台上能见到神仙，没想到纣王竟然信以为真了。但弥天大谎已经撒出去了，只能想办法圆谎了："大王，明天我就请神仙来陪您喝酒。"妲己只是一个妖精，哪有本事把神仙请下来呀。第二天，她去轩辕坟中，请来了一群狐狸精。

狐狸精们变成神仙的模样，从天空飘然而至，纣王高兴坏了，让比干在旁边倒酒作陪。比干在"神仙们"中间穿梭，闻见了一股难闻的骚臭味。"奇怪，神仙应该六根清净，怎么会有股骚臭味呢？"比干一边倒酒，一边暗中观察。

酒过三巡，狐狸精们醉了，一条条尾巴都露了出来。月光下，比干瞧得明明白白，气得咬牙切齿。纣王这时早已醉得不省人事，妲己担心狐狸精们露馅，于是对比干说："丞相今天辛苦了，回去休息吧。"

　　比干出了午门，恰好遇见在正在巡视的黄飞虎。他恨恨地把刚才看见的事告诉黄飞虎，黄飞虎计上心来。

九头雉鸡精入宫

等这些狐狸精从宫里出来以后，黄飞虎派人跟着它们，找到它们的洞穴，一把火把它们烧了个精光。

比干挑拣出品相好点的狐狸皮，做成一件皮袄送给纣王。纣王收下皮袄，交给妲己保管。妲己看着那件狐狸皮袄，就像被刀剜（wān）心一样难受："这都是我的狐子狐孙啊！比干，我要挖出你的心，让你也尝尝剜心之痛。"

这天，妲己想出一条毒计，但只凭她一个人很难实施。于是，她对纣王说："大王，我有一个妹妹，名叫胡喜媚，不但长得比我漂亮，还懂仙术，你想不想见见？"

纣王一听来了兴致，赶忙说："快把她请到宫里来。"

104

　　妲己所说的妹妹，正是当初和她一起接受女娲差遣的九头雉鸡精。妲己让九头雉鸡精变成一位美丽的道姑，把她带进了宫里。纣王被喜媚迷得神魂颠倒，把她留在了宫里。

　　有一天，妲己和喜媚正陪着纣王吃饭，妲己突然栽倒在地，口吐鲜血。纣王吓得慌了神，正要传太医，喜媚说："姐姐心痛的毛病复发了，神仙来了也没用，只有玲珑心才能救姐姐的命。"

比干剖心

　　纣王说："到哪里去找玲珑心啊？"

　　喜媚装模作样地掐指一算说："朝歌城里，只有丞相比干有一颗玲珑心，只是不知道他舍得不舍得。"

　　"他是臣子，能够救王后是他的福气。"纣王连下六道旨，急宣比干进宫。比干接到圣旨，全家痛哭不已。忽然，比干的儿子想起了什么，走进书房中，拿出了一道符。这道符是姜子牙算出比干以后会遇到一场劫难，特意送给他保命的。

　　比干如获至宝，赶忙把符烧成灰烬丢进水中，把水喝进肚子里，然后悲壮万分地来到纣王面前。纣王急切地说："皇叔你可来了，王后旧病复发，非得玲珑心才能救得，全朝歌只有你有玲珑心，只能问皇叔取了。""大王，"比干悲痛地说，"人没有心就不能活了。""真啰唆！"纣王不耐烦地说，"我只是借用一片而已，有什么大不了的。"纣王竟然说出这样丧尽天良的话，比干对他彻底绝望了，大骂纣王和妲己，然后用剑剖开胸膛，奇怪的是他并没有流血。比干用手将心从胸腹中摘出，往地下一扔，面如金纸，转身就走。纣王这时哪有时间会去管比干的死活，捧着心就去救妲己了。

比干中计身亡

　　大臣们听说此事，纷纷为比干鸣不平，又都十分担心比干，在大殿等待消息。只见比干好端端地从宫里走出来，都以为他逃过了一劫，纷纷围拢过来，询问比干的情况。但比干目光呆滞，低着头一言不发，出了大殿过了午门，骑上马飞奔回家。急行了六七里路，比干忽然听见路边有一个妇人在大声叫卖："卖无心菜喽！卖无心菜！"

　　听到"无心"两个字，比干一愣勒马停了下来，问道："菜没有心

还可以吃，人没有心会怎么样？"

妇人笑道："人没有心，当然会死啊！"

比干听完，胸中激愤万千，大叫一声，一口热血喷涌而出，眼前一黑栽倒在地上，就此身亡。原来，姜子牙的符护住了比干的五脏六腑，所以比干挖心之后并没有血流成河立即死去。当妇人说"人没心会死"的时候，比干想到昏庸无道的纣王、商朝黯淡无光的国运，一时激愤，破了符的功力就没命了。

国学大讲堂

亘古忠臣比干

比干这个人物在历史上是真实存在的。他辅佐了商朝的帝乙和纣王帝辛两代君王，他是帝乙的弟弟，纣王的叔叔。比干忠君爱国，治理有方，为商朝的发展作出了巨大贡献。在纣王发动针对徐夷的战争时，比干认为当时的情况不适合打仗，应该休养生息。他冒死直谏，触怒了纣王，被纣王处死了。

比干的妻子怀着肚子里的孩子，逃到了一个叫长林的地方，不久后就生下了一个儿子，取名叫泉。商朝灭亡以后，周武王追封比干为国神，并找到了比干的儿子。因为比干的儿子是在长林出生的，于是，周武王给他赐姓"林"，改名为"坚"。林坚就是林姓的始祖。

比干剖心

成语"比干剖心"的典故出自《史记》，书中记载，比干劝谏惹怒了纣王，纣王气愤地说："听说圣人的心上有七个窟窿，把比干的心挖出来，让我看看！"一代忠臣就这样被残忍地杀害了。后来，人们用"比干剖心"比喻统治者无道，残害忠良。

雉鸡

故事中的胡喜媚是一只九头雉鸡精，那么大家知道雉鸡是什么吗？

雉鸡是真实存在的一种珍贵的野生鸟类，又叫作野鸡或山鸡。它还有一个更美的名字：七彩锦鸡。那是因为雄雉鸡身上的羽毛是五彩斑斓的，浑身闪耀着金色的光芒，看上去鲜艳夺目。更让人惊叹的是，雄雉鸡身后还拖着几根长长的尾巴，让它显得既漂亮又独特。

雉鸡自古就受到中国人民的喜爱，被当作"吉祥鸟"，尤其是在明清时期，我们经常可以在瓷器上看到雉鸡的形象。在明清时期的筒瓶、棒槌瓶、花觚（gū）或者将军罐上，雉鸡和牡丹常常被画在一起，寓意着吉祥和富贵。

雉鸡的生存能力极强，抗病耐高温抗寒，从气温32℃的炎热夏季到气温零下35℃的寒冷冬季，都能很好地存活。我们经常能见到雉鸡在雪中随意行走，还能在冰碴儿中寻找食物，甚至直接吃冰碴儿。

　　雉鸡在中国分布很广，人们常常可以在农田边遇到它。如果你看雉鸡漂亮，就想捉住它，那么还是趁早打消这个念头吧。因为雉鸡善于奔跑和躲藏，特别是在灌木丛中。别看它们经常只在地上跑来跑去的，但是追急了，它们可是能飞起来的，最快的时候，速度能达到90千米每小时，这都赶上开车跑高速了！

　　而且，更重要的一点是，在我国，雉鸡是国家保护动物，猎捕雉鸡是违法的！

你知道吗？

　　古时候，人们认为东、西、南、北、中，五个方位各有一位财神，称为五路财神。在《封神演义》中，比干死后被封为文曲星。后人因为比干公正没有私心，又把他奉为东路财神，也叫文财神。

在描写鹿台时，文中有两句话："它由汉白玉砌成，高耸入云，不知道有多少层，当中的亭台楼阁数也数不清。大殿之中嵌着几颗硕大的明珠，在夜空中绽放光华。柱子、墙壁和栏杆上都用玛瑙和美玉装饰，流光溢彩，绚丽夺目。"

这是采用由远及近的方法进行描写的。因为人第一眼是远远地看见高大的鹿台以及数不清的亭台楼阁，走近以后才能看见大殿中的明珠以及柱子、墙壁和栏杆上的装饰。这样的描写方法，会让读者在阅读的过程中，仿佛也跟着作者的脚步，从远到近，走到鹿台上了，有一种身临其境的奇妙感觉。

但是在使用"由远及近"法描写事物时，一定要注意细节。比如，远远观看时，事物通常只能看到大概的情况和整体的情况。这时就不能有太多的细节描写。而描写近处时，也不用把每个边边角角的地方都写到，把最能体现事物特色和最能贴合主题的地方写出来就可以了。

现在，就用"由远及近"法描写一下万里长城吧。（字数不限）

_____

_____

_____

_____

_____

参考答案

　　远看时，长城像巨龙、像飘带，雄伟壮丽。近看时，一块块青灰色的砖错落有致，深深浅浅的颜色相映成趣。